MANUAL SOBRE EL BAUTISMO EN EL ESPÍRITU SANTO

DON BASHAM

MANUAL SOBRE EL BAUTISMO EN EL ESPÍRITU SANTO

DON BASHAM

WHITAKER
HOUSE

Nota: El texto en negrita en las citas bíblicas significa el énfasis del autor.

Traducción al español realizada por:
Belmonte Traductores
Manuel de Falla, 2
28300 Aranjuez
Madrid, ESPAÑA
www.belmontetraductores.com

Manual sobre el Bautismo en el Espíritu Santo
Publicado originalmente en inglés bajo el título:
A Handbook on Holy Spirit Baptism

ISBN: 978-1-62911-024-0
eBook ISBN: 978-1-62911-049-3
Impreso en los Estados Unidos de América

Whitaker House
1030 Hunt Valley Circle
New Kensington, PA 15068
www.whitakerhouse.com

Por favor, envíe sugerencias sobre este libro a: comentarios@whitakerhouse.com.

1 2 3 4 5 6 7 8 9 10 11 w 20 19 18 17 16 15 14

CONTENIDO

PARTE III: *Preguntas sobre recibir el bautismo en el Espíritu Santo*

PREFACIO

Hoy día, millones de personas han estado oyendo y compartiendo las nuevas y emocionantes noticias del Pentecostés del siglo XX que se está extendiendo rápidamente por el mundo cristiano. Tras varios años participando en seminarios y conferencias tanto aquí como en el extranjero que han lidiado con este derramamiento del Espíritu Santo, he descubierto que la mayoría de ellos cubren prácticamente lo mismo y tratan muchas de las mismas preguntas principales. También descubrí que aunque algunos libros y pequeños panfletos tocaban algunas de estas preguntas, parecía que no había ningún libro disponible con el objetivo principal de responder a la mayoría de esas preguntas.

El propósito de *Manual sobre el Bautismo en el Espíritu Santo* es ayudar a satisfacer esta necesidad. Aborda esas preguntas principales acerca de buscar y recibir el bautismo en el Espíritu Santo, así como las áreas que a menudo impiden que una persona obtenga esta bendición de Dios. Cada pregunta que se incluye es una pregunta que se ha hecho repetidamente en conferencias de enseñanza y seminarios a lo largo de los años. Obviamente, la mayoría de las áreas se podían haber tratado con mucha más profundidad, pero tenga en mente que esto es un manual, no una enciclopedia.

No se afirma tener ninguna revelación nueva en estas páginas. La mayoría de los lectores bautizados en el Espíritu habrán oído o leído acerca de la mayoría de los puntos tratados aquí, aunque quizá alguna ilustración les resulte nueva.

El libro está pensado principalmente para dos grupos de cristianos: (1) los que están interesados o que están buscando recibir el bautismo en el Espíritu Santo, y (2) los que ya han recibido el bautismo y ahora se ven ante la oportunidad de ministrar a otros.

Aunque todo el material es pertinente, este no es un libro que necesite leerse de principio a fin para ser de utilidad. Por eso se llama manual. En vez de poner títulos a los capítulos, simplemente hemos permitido que la pregunta con la que lidia el capítulo sirva como su título. Por lo tanto, revisando el índice puede dirigirse de manera rápida a la pregunta que más le interese o preocupe a usted o a aquellos con quienes haya estado hablando de este tema.

Salvo el material citado, la responsabilidad del contenido del libro es mía. No se afirma tener infalibilidad. Otros escritores sin duda alguna tratarían puntos distintos o incluirían otro material para responder a la misma pregunta. Se ha hecho un esfuerzo en oración para combinar la clara enseñanza de la Escritura con la experiencia personal, pero no se ha intentado realizar un "profundo" estudio o análisis de los versículos.

Se ha sacrificado la elocuencia sobre el altar del discurso sencillo, y la mayor parte del material se presenta a manera de conversación, como en una reunión pública. De vez en cuando, he recurrido a la experiencia de otros. Reconozco con agradecimiento mi deuda con ellos, pero sobre todo con nuestro Señor Jesucristo, que en el presente se sigue revelando a sí mismo no solo como Salvador y Sanador, sino también como Bautizador en el Espíritu Santo.

PARTE I

Preguntas concernientes al movimiento carismático y el bautismo en el Espíritu Santo

UNO

Algunos que hemos escuchado acerca del bautismo en el Espíritu Santo recientemente no sabemos prácticamente nada de su historia. ¿Podría darnos algunos antecedentes?

Si están buscando el bautismo en el Espíritu Santo y el poder que promete, el mejor lugar para comenzar es el Nuevo Testamento, especialmente el libro de los Hechos porque describe el ministerio del primer grupo de creyentes llenos del Espíritu. Leyendo el libro de los Hechos, rápidamente entendí por qué los Discípulos de Cristo (la denominación en la que estoy ordenado) originalmente quería que se le conociese como una iglesia del Nuevo Testamento, y por qué afirmaba con orgullo tener una herencia del Nuevo Testamento. Se debía a que la iglesia del Nuevo Testamento era una iglesia emocionante, una iglesia poderosa.

Según los estándares de hoy, podría haber sido tosco, indisciplinado y a veces impactantemente irreverente, pero estas no son las cosas que uno nota cuando lee el libro de los Hechos. Lo que atrapa la imaginación no es la falta de prestigio sino la demostración de poder. En ese tiempo, Dios se movía como respuesta a la oración. Los milagros acompañaban al poder salvador de Jesucristo. Entre los fuegos que se propagaban de la influencia de esa iglesia, no solo eran redimidos los perdidos, sino que también los cojos andaban, los ciegos recibían la vista y los oprimidos eran liberados de los poderes demoniacos. Era una confraternidad de creyentes ciertamente imperfectos pero vibrante y dinámicamente vivos. Quizá fueran despreciados por la sociedad que les rodeaba, pero nadie los acusó jamás de ser aburridos, sosos, o de estar muertos.

Aquellos primeros cristianos estaban más interesados en manifestar el poder del Espíritu Santo en medio de ellos que en mantener reuniones de adoración ordenadas. Se preocupaban más del amor cristiano que de la liturgia correcta, se preocupaban más de ser fieles que de ser populares. *"Porque de esta secta nos es notorio que en todas partes se habla contra ella"* (Hechos 28:22).

Comparando la iglesia del Nuevo Testamento con la nuestra en la actualidad, parece obvio que debe de haber ocurrido una de estas dos cosas. O bien Dios privó deliberadamente a la iglesia del poder de Pentecostés, con todos sus dones y poderes sobrenaturales (una racionalización que oímos una y otra vez), o la iglesia de algún modo ha perdido el contacto con Pentecostés como una experiencia vital y continua.

La segunda proposición es la verdadera. El resurgir del poder pentecostal de nuestros días lo demuestra.

Incluso un repaso apresurado de la historia de la iglesia indica claramente que los dones carismáticos nunca desaparecieron del todo de la iglesia. Aunque se ignoraron continuamente, siempre han estado presentes, saliendo a la escena pública durante tiempos de renovado fervor o avivamiento religioso. Por ejemplo, allá por el segundo siglo, un avivamiento en la iglesia, liderado por Montano de Ardabau, captó la atención de muchos cristianos que sentían que los fuegos espirituales dentro de la iglesia estaban ardiendo con una ebullición demasiado baja. Durante el momento más álgido del avivamiento de Montano, aparecieron todos los dones carismáticos, incluido el hablar en lenguas. Dos renombrados padres de la iglesia, Tertuliano e Ireneo, encontraron muchas cosas favorables en este movimiento, pero el funcionariado de la iglesia en Roma consideró que el avivamiento era una amenaza para su autoridad y declaró el montanismo como herejía.

La *Enciclopedia Británica* dice que *glossolalia*, hablar en lenguas, "ocurre en avivamientos cristianos de todas las épocas, por ej., entre los monjes mendigos del siglo XIII, entre los jansenistas y los primeros cuáqueros, los convertidos de Wesley y Whitefield, los protestantes perseguidos de los covennes y los irvingitas" (Volumen 27, pp. 9–10, 11 edición).

Los irvingitas fueron los predecesores en el siglo XIX de los actuales receptores de los dones carismáticos. El Reverendo Edward Irving era pastor de una iglesia presbiteriana en Londres, Inglaterra, en 1822, cuando su predicación sobre la necesidad de un "nuevo Pentecostés" comenzó a atraer una gran atención. En 1833, su énfasis en "los dones carismáticos" se había hecho demasiado grande (¡la gente había comenzado a hablar en lenguas!), y fue destituido del ministerio presbiteriano por herejía y se trasladó a Escocia. Pero entre sus extensos seguidores se formó una nueva denominación llamada iglesia católica apostólica, y siguió el énfasis en los dones carismáticos.

Los irvingitas proclamaban la necesidad de la experiencia carismática y hacían énfasis en la certeza de la segunda venida de Cristo. Desde Escocia, establecieron congregaciones en Inglaterra, Alemania y los Estados Unidos. En su momento más álgido, se dice que la denominación llegó a alcanzar más de 50.000 adeptos. Pero cuando murió el último de los líderes originales en 1901, no se hizo intento alguno de reemplazarles, y la mayoría de sus miembros se dispersaron en otras denominaciones.

El movimiento pentecostal en los Estados Unidos tuvo sus inicios en el año 1900 con la determinación de un joven ministro metodista llamado Charles F. Parham de volver a capturar el poder y la vitalidad de la iglesia del Nuevo Testamento. Después de abrir una escuela bíblica en una mansión abandonada en Topeka, Kansas, él y sus estudiantes se entregaron a estudiar profundamente las Escrituras para intentar descubrir el secreto del poder apostólico. En diciembre de ese mismo año, Parham les puso a sus alumnos una tarea para estudiar todas las veces que aparecía el hecho de recibir el Espíritu Santo en el libro de los Hechos, con la intención de descubrir si había algún tipo de factor común en todos ellos que estuvieran pasando por alto.

Los alumnos, cada uno haciendo su estudio de manera independiente, llegaron a la misma conclusión. Cinco veces en el libro de los Hechos aparece el relato de alguien que recibe al Espíritu Santo. En tres de esos relatos, cuatro si incluimos la conversión de Pablo, aparecía el don de lenguas. (Los alumnos supusieron que como Pablo tenía el don de lenguas y testificó de ello en su primera carta a los Corintios, probablemente llegó cuando recibió al Espíritu Santo en Hechos 9:17).

Respaldado por esta rotunda evidencia bíblica, Parham y sus alumnos oraron para recibir el bautismo en el Espíritu Santo con el don de lenguas. La primera persona habló en lenguas el día de Año Nuevo de 1900. El 3 de enero, Parham y un grupo de personas también recibieron el bautismo y hablaron en lenguas.

De este modesto comienzo, el avivamiento se extendió hasta California en 1906, lanzando así el famoso avivamiento de la calle Azusa en Los Ángeles. El avivamiento de Azusa duró tres años, con miles de personas de toda Norteamérica recibiendo la experiencia pentecostal del Espíritu Santo. Varias de las denominaciones pentecostales actuales trazan sus comienzos hasta ese avivamiento. (Para más relatos detallados de los comienzos pentecostales, lea el libro de John Sherrill *They Speak with Other Tongues* [Hablan en otras lenguas], Old Tappan, New Jersey: Fleming H. Revell, 1965).

El movimiento pentecostal creció a un ritmo trepidante, extendiéndose rápidamente por todo el mundo. En tan solo poco más de cincuenta años, la membresía alcanzó casi los diez millones. Fuertes en su fe y cortas de paciencia, estas pequeñas congregaciones indoctas llegaron manifestando más del poder dinámico de la iglesia del Nuevo Testamento que cualquier otro movimiento cristiano en siglos. A la vez, a pesar de su desorbitado crecimiento, los pentecostales eran una desviación tan radical de la principal tradición protestante, que las denominaciones más establecidas los vieron con recelo e incluso con una abierta hostilidad. Por lo tanto, tras ver cómo ignoraban su mensaje y se mofaban de su clamor por regresar a un ministerio carismático, los pentecostales evitaron los comentarios de santidad que hacían sobre ellos y, sacudiéndose el polvo de la duda ortodoxa de sus pies, se quedaron absortos en un ministerio a las multitudes a quienes las iglesias "respetables" ignoraban.

Pero en la actualidad el avivamiento carismático ha traspasado las fronteras que con tanto esmero habían dibujado sus críticos, y está provocando incendios en todas las grandes denominaciones, incluida la iglesia católica. El Obispo Lesslie Newbigin, antiguo presidente del World Council of Churches (Consejo Mundial de Iglesias), fue uno de los primeros clérigos destacados que reconoció la importancia de este movimiento. Lo equiparó al protestantismo tradicional y el catolicismo romano. En su libro *The Household of God* [La casa de Dios], escribió:

> El catolicismo y el protestantismo ortodoxo, a pesar de lo profundamente que han diferido el uno del otro, han sido uno poniendo un gran énfasis en que en la religión cristiana que es dada e inalterable... el catolicismo ha puesto su principal énfasis en la estructura dada, el protestantismo en el mensaje dado... Es necesario, sin embargo, reconocer que hay una tercera corriente de tradición cristiana que... tiene un carácter propio particular... su elemento central es la convicción de que la vida cristiana se trata del poder experimentado y la presencia del Espíritu Santo en la actualidad... que si respondiésemos a la pregunta: "¿Dónde está la iglesia?", debemos preguntar: "¿Dónde está el Espíritu Santo reconocible-

> mente presente con poder?"... no hay una manera mejor que pueda proponer para referirme a este tipo de fe y vida cristiana como la pentecostal.[1]

Otros clérigos destacados han llegado a reconocer la importancia de este movimiento del Espíritu de Dios que antes se descartaba al considerarlo como el entusiasmo de una secta. El Dr. Henry Pitney Van Dusen, expresidente del Union Theological Seminary en la ciudad de Nueva York, en un artículo de la revista *Life* del 6 de junio de 1958, describió lo que él denominaba un "tercer brazo poderoso de la cristiandad".

> Sus grupos predican un mensaje bíblico directo que se entiende de inmediato. Normalmente prometen una transformadora experiencia inmediata del Cristo viviente, que es mucho más importante para muchos individuos que la versión que se encuentra en las iglesias convencionales... Ellos pastorean a sus convertidos en íntimas y sostenidas congregaciones, un rasgo de todos los avivamientos cristianos vitales desde que el Espíritu Santo descendió sobre los discípulos en el primer Pentecostés. Hacen un gran énfasis en el Espíritu Santo, tan ignorado por muchos cristianos tradicionales, como la presencia inmediata y potente de Dios en cada ser humano y en la Congregación cristiana.

Hasta hace poco, otros protestantes consideraban el movimiento como un fenómeno temporal y pasajero, no digno de mucha mención. Ahora hay un reconocimiento serio y creciente de su verdadera dimensión y probable permanencia. La tendencia a menospreciar su mensaje cristiano por inadecuado está siendo

---

1. Newbigin, *The Household of God* (London: SCM Press, 1957), 87–88.

reemplazada por una disciplinada disposición a investigar los secretos de su poderosa difusión.[2]

En el libro de John Sherrill *They Speak with Other Tongues*, el Dr. Van Dusen hace un comentario incluso más destacado:

> He llegado a sentir... que el movimiento pentecostal con su énfasis en el Espíritu Santo, es más que un simple avivamiento más. Es una revolución en nuestros días. Es una revolución comparable en importancia al establecimiento de la Iglesia Apostólica original y a la Reforma protestante.[3]

El difunto Reverendo Samuel Shoemaker, poco antes de su muerte, publicó un último artículo en *The Episcopalian*, una respetada publicación de la Iglesia Protestante Episcopaliana en los Estados Unidos, titulado: "¿Puede nuestro tipo de iglesia cambiar nuestro tipo de mundo?". En él, Shoemaker dijo:

> Cualquiera que sea el significado del antiguo-nuevo fenómeno de "hablar en lenguas", es sorprendente que aparezca no solo en grupos pentecostales, sino entre episcopalianos, luteranos y presbiterianos. Yo no he tenido esta experiencia. He visto a personas que sí la tienen, y les ha bendecido y les ha dado un poder que no tenían antes. No profeso entender este fenómeno. Pero estoy bastante seguro de que es indicativo de la presencia del Espíritu Santo en una vida, como el humo de una chimenea indica que debajo hay un fuego. Sé que significa que Dios está intentando penetrar en su iglesia, formal y muy conservadora y egocéntrica como a menudo es, con el tipo de poder que la hará radiante, emocionante y

---

2. Usado con permiso.
3. Sherrill, *They Speak with Other Tongues* (Old Tappan, New Jersey: Fleming H. Revell, 1965), 30.

generosa. Deberíamos intentar entender y ser reverentes con este fenómeno, en vez de ignorarlo o menospreciarlo.

La creciente marea de publicidad y literatura acerca del movimiento carismático simplemente apunta a la influencia cada vez mayor que está teniendo sobre el cristianismo. Por todo el mundo el pulso espiritual de la iglesia está siendo acelerado por este nuevo Pentecostés.

DOS

¿Qué es el bautismo en el Espíritu Santo?

El bautismo en el Espíritu Santo es un segundo encuentro con Dios (el primero es la conversión), en el que los cristianos comienzan a recibir el poder sobrenatural del Espíritu Santo en su vida. Jesús prometió este poder a sus discípulos cuando dijo:

> *Pero recibiréis poder, cuando haya venido sobre vosotros el Espíritu Santo, y me seréis testigos en Jerusalén, en toda Judea, en Samaria, y hasta lo último de la tierra.*
>
> (Hechos 1:8)

Esta promesa se cumplió en Pentecostés cuando el Espíritu Santo cayó sobre los ciento veinte reunidos en el aposento alto.

> *Y fueron todos llenos del Espíritu Santo, y comenzaron a hablar en otras lenguas, según el Espíritu les daba que hablasen.* (Hechos 2:4)

Esta segunda experiencia del poder de Dios, la cual llamamos el bautismo en el Espíritu Santo, se da con el propósito de equipar a los cristianos con el poder de Dios para servir. Es el bautismo espiritual de Jesús mismo, en el cual Él comienza a ejercer su posesión soberana, control y uso de nosotros de una forma sobrenatural, mediante el Espíritu Santo.

A modo de ilustración, destaquemos que el Nuevo Testamento describe tanto el bautismo en agua como el bautismo en el Espíritu Santo. En Mateo 3:11, Juan el Bautista dice:

> *Yo a la verdad os bautizo en agua para arrepentimiento; pero el que viene tras mí... es más poderoso que yo; él* [Jesús] *os bautizará en Espíritu Santo y fuego.*

En Hechos 1:5, Jesús dice:

> *Porque Juan ciertamente bautizó con agua, mas vosotros seréis bautizados con el Espíritu Santo dentro de no muchos días.*

Y en su primer sermón, predicado el día de Pentecostés, Pedro le dice a la multitud:

> *Arrepentíos, y bautícese* [bautismo en agua]*... para perdón de los pecados; y recibiréis el don* [bautismo] *del Espíritu Santo.* (Hechos 2:38)

Según las Escrituras, estos dos bautismos indican dos experiencias distintas e importantes del poder de Dios. La primera es la conversión, la aceptación por parte del pecador de Jesucristo como Señor y Salvador, que da salvación. Él, el pecador arrepentido, da testimonio de su respuesta al evangelio y su aceptación de Cristo recibiendo el bautismo en agua para la remisión de pecados. Aquí, vemos al nuevo creyente como el *objeto* de la redención de Dios. Pero el Señor no está satisfecho solamente con nuestra conversión; Él nos ha prometido poder para ser sus testigos. Por lo tanto, una segunda vez somos confrontados con el poder de Dios, esta vez en el bautismo en el Espíritu Santo, mediante el cual el cristiano entra en una relación más profunda con Cristo y el Espíritu Santo con el propósito de hacerle no un *objeto* sino un *instrumento* de redención.

Los dos bautismos se pueden comparar como sigue...

El bautismo cristiano por inmersión en agua:

1. El candidato: el creyente penitente. (Véase Mateo 28:19; Hechos 2:38).
2. El elemento bautismal: agua. (Véase Hechos 8:36–38).
3. El bautizador: un hombre: predicador, evangelista, diácono. (Véase Hechos 8:38).
4. El propósito: un testimonio para conversión y la remisión de pecados. (Véase Hechos 2:38; 22:16).
5. El resultado: salvación y entrada en el cuerpo de Cristo. (Véase Marcos 16:16; Gálatas 3:27).

El bautismo en el Espíritu Santo:

1. El candidato: el creyente bautizado. (Véase Hechos 2:38, 8:14–17).
2. El elemento bautismal: el Espíritu Santo. (Véase Marcos 1:8).
3. El bautizador: Jesucristo. (Véase Mateo 3:1; Marcos 1:8).
4. El propósito: capacitar al cristiano con poder. (Véase Lucas 24:49; Hechos 1:8).
5. El resultado: recepción del Espíritu Santo, con el acompañamiento de dones y poderes. (Véase Hechos 2:4; 8:14–17; 1 Corintios 12:4–13).

TRES

¿Por qué es tan importante el bautismo en el Espíritu Santo?

Jesús consideraba que el bautismo en el Espíritu Santo era tan importante que prohibió expresamente a sus discípulos comenzar su ministerio hasta que lo hubieran recibido. Él sabía que era esencial que tuvieran el poder que proporciona el bautismo en el Espíritu Santo.

> *Y estando juntos, les mandó que no se fueran de Jerusalén, sino que esperasen la promesa del Padre, la cual, les dijo, oísteis de mí. Porque Juan ciertamente bautizó con agua, mas vosotros seréis bautizados con el Espíritu Santo dentro de no muchos días.* (Hechos 1:4–5)

Hay muchas razones por las que el bautismo en el Espíritu Santo es importante. Rufus Moseley enumeró las siguientes razones en un pequeño librito titulado *The Gift of the Holy Spirit* [El don del Espíritu Santo].

1. Es solo mediante este don celestial que nos capacita, nos guía y nos transforma como tenemos una unión inmediata con el Jesús glorificado y recibimos el poder para hacer su obra y su voluntad y para ser más semejantes a Él. A pesar de lo bendecido que fue el ministerio de Jesús en la carne, y de lo gloriosa que fue su obra redentora en Getsemaní y el Calvario, y de su ministerio durante las apariciones tras la resurrección, todo eso era preparatorio para lo que le fue dado a Jesús con poder para impartir cuando ascendió

a la presencia del Padre, y ocupó su lugar en el trono del universo.

2. Si Jesús hubiera permanecido en la tierra hasta ahora, con todo su poder para sanar a todos los que tocase y todos los que le tocasen a Él, y hubiera seguido haciendo todos sus poderosos milagros, solo habría podido seguir estando en un solo lugar a la vez. Las personas en su egoísmo se hubieran pisado unos a otros para llegar hasta Él. Pero como se fue en gloria y recibió el don del Padre con poder para compartirlo con los que crean y obedezcan, se ha vuelto omnipresente. Es más, tiene poder no solo para estar con sus discípulos siempre, diciéndoles lo que decir y lo que hacer con respecto a todo lo que tienen que hacer hasta el fin del mundo, sino también poder para entrar y reproducirse a sí mismo en términos de todas las capacidades de cada uno de nosotros. Ahora puede darse por completo a cada uno de nosotros sin descuidar al resto.

3. Mediante la inefable unión ahora, abierta a todo discípulo de Jesús que cree y obedece, cada uno de nosotros se encuentra en una cruz del tipo contrario a la de Él. Él estuvo en una cruz de vergüenza; nosotros, entregándonos felizmente y respondiendo a Él, pasamos a una cruz del más alto honor. Él estuvo en una cruz de agonía; Él nos pone sobre una cruz de felicidad. Él estuvo en una cruz de muerte; Él nos pone en una cruz de vida. Cuando Jesús estaba en la cruz de vergüenza, agonía y abandono, rindió el Santo aliento o el Espíritu Santo; cuando el Espíritu Santo nos lleva a la cruz, recibimos el Santo aliento y somos llenos con el Espíritu Santo.

4. El Espíritu Santo es la única conciencia que conoce a Jesús y puede revelarle como Él es. Todas las filosofías y teologías humanas tienden a reducirle hasta que encaje en sus

propios moldes. El Espíritu Santo nos cambia para que encajemos en el molde celestial.

5. El Espíritu Santo, al revelar a Jesús como Él es, al mismo tiempo nos revela a nosotros tal como somos. Somos convencidos de pecado e ineptitud al ver su ausencia de pecado y perfección. Cuando nos vemos según somos, y le vemos según es Él, y hacemos el reconocimiento, se produce el milagro del perdón, limpieza y transformación. Él no nos deja en nuestra desnudez; Él amuebla el lugar. Él no nos condena, sino que viene a nuestro rescate. Así como solo conocemos los errores en matemáticas conociendo las matemáticas, solo podemos corregir los errores conociendo la verdad. Así, conocer a Jesús revela el pecado y la falta, y al mismo tiempo nos limpia y restaura.

6. Es mediante el Espíritu Santo como somos guiados a toda verdad, se nos revelan las cosas venideras (véase Juan 16:13) y recibimos el poder para vencer.

7. Mediante el don del Espíritu Santo, el cuerpo se convierte conscientemente en el del Señor. Aquí nos damos cuenta de que el Señor es para el cuerpo, y el cuerpo para el Señor. Nos convertimos no solo en espíritu de su espíritu, mente de su mente y alma de su alma, sino que también nos convertimos en hueso de su hueso, carne de su carne, manos de sus manos, pies de sus pies, ojos de sus ojos, oídos de sus oídos, lenguas de su lengua, y todo de su perfecto todo. El cuerpo nunca se sentirá como debe mientras se sienta a sí mismo. Como el cuerpo es para el Señor y el Señor para el cuerpo, el cuerpo solo se siente como debe sentirse cuando siente al Señor, y el Señor nunca está contento con el cuerpo si no se hace cargo de él y le imparte la salud y la bendición de su presencia.

Se podrían escribir muchas otras razones de la importancia del bautismo en el Espíritu Santo. Otras serán claras a medida que siga leyendo este libro.

CUATRO

¿Es esencial el bautismo en el Espíritu Santo para la salvación?

No, el bautismo en el Espíritu Santo *no* es esencial para la salvación. La salvación, o conversión, o la aceptación de Cristo como Señor y Salvador, es una experiencia distinta y anterior. Millones de cristianos que aman y sirven a Jesucristo como Salvador no han recibido el bautismo en el Espíritu Santo. El Nuevo Testamento deja muy claro que el bautismo en el Espíritu Santo es una segunda obra de gracia, la cual sigue a la conversión.

> *Entonces Felipe, descendiendo a la ciudad de Samaria, les predicaba a Cristo... Pero cuando creyeron a Felipe, que anunciaba el evangelio del reino de Dios y el nombre de Jesucristo, se bautizaban hombres y mujeres... Cuando los apóstoles que estaban en Jerusalén oyeron que Samaria había recibido la palabra de Dios, enviaron allá a Pedro y a Juan; los cuales, habiendo venido, oraron por ellos para que recibiesen el Espíritu Santo; porque aún no había descendido sobre ninguno de ellos, sino que solamente habían sido bautizados en el nombre de Jesús.* (Hechos 8:5, 12, 14–16)

A veces, el bautismo en el Espíritu Santo puede producirse inmediatamente después de la conversión, como en Hechos 10, cuando Pedro predicó a toda la casa de Cornelio. En esa ocasión, mientras Pedro predicaba la fe en Cristo y el perdón de pecados a través de su nombre (véase Hechos 10:43), los que lo oyeron, creyeron, e inmediatamente fueron llenos con el Espíritu Santo (véase Hechos 10:44–48).

La frase de Pedro en Hechos 2:38 parece indicar que el bautismo en el Espíritu Santo debería seguir inmediatamente al bautismo en agua. Aunque esto podría ser idealmente cierto y de vez en cuando se produce hoy día (un amigo misionero contó que unos jóvenes convertidos en México salieron de las aguas bautismales alabando a Dios en lenguas y profetizando), no es común. La mayoría de los cristianos hoy día reciben el bautismo en el Espíritu Santo solo después de recibir instrucciones y oración específica.

De nuevo, digamos que aunque sabemos que el bautismo en el Espíritu Santo es una doctrina cristiana importante y una experiencia cristiana vastamente necesitada para llevar de nuevo a la iglesia el poder del Nuevo Testamento, *no* es esencial para la salvación.

CINCO

Yo tuve una maravillosa experiencia de conversión y supuse que recibí entonces el Espíritu Santo. ¿No se recibe el Espíritu Santo en la conversión?

Ciertamente el Espíritu Santo está presente en la conversión. Pablo dice: *"Nadie puede llamar a Jesús Señor, sino por el Espíritu Santo"* (1 Corintios 12:3). Sabemos que cada cristiano experimenta una medida del poder del Espíritu Santo. Pero las Escrituras enseñan claramente que hay un poder espiritual disponible que está más allá de nuestra experiencia de conversión. Obviamente, Pablo se convirtió en el camino a Damasco, pero el Señor envió a él a Ananías para orar por él y que recuperase su vista y para *ser lleno del Espíritu Santo.* (Véase Hechos 9:17). Y aunque los cristianos samaritanos se habían convertido profundamente bajo la enseñanza de Felipe, no fue sino mediante la oración y la imposición de manos como recibieron el Espíritu Santo. (Véase Hechos 8:14–17).

Enfaticemos que esta experiencia más profunda del Espíritu Santo no refuta o niega en manera alguna la experiencia que el cristiano pudiera haber tenido antes. Simplemente abre ante nosotros todo un mundo nuevo de posibilidades espirituales.

Muchos cristianos parecen sentir que como su conversión fue tan maravillosa, eso debió de ser todo lo que Dios tenía para ellos. Sin embargo, muchos de esos mismos cristianos confiesan una falta de valentía y de poder.

El bautismo en el Espíritu Santo no es una experiencia de salvación para el no cristiano; es una experiencia de empoderamiento para el cristiano a fin de que pueda estar sobrenaturalmente equipado para llevar a cabo su ministerio.

El Reverendo Dennis Bennett observa que en estos días de la ira del diablo es casi trágico llevar a una persona a Jesucristo y no orar por él o ella para que reciba el bautismo en el Espíritu Santo. "Es como reclutar a un hombre para el ejército", declara Bennett, "y no darle ningún arma con la que luchar. Este hombre iría a la guerra desarmado, y pronto podría terminar como prisionero del enemigo".

Bennett también tiene una manera única de describir la diferencia entre que un cristiano *tenga* el Espíritu Santo en la conversión y *recibirle* en términos del bautismo en el Espíritu Santo.

"Un hombre puede pasar por delante de mi secretaria, ignorándola, y entrar en mi oficina y sentarse mientras yo estoy trabajando en mi escritorio. Sé que está ahí, pero sigo trabajando, sin reconocer su presencia. Tras unos minutos suena mi teléfono y alguien al otro lado de la línea pregunta: '¿Hay un hombre en su oficina?', y procede a describir a mi visitante. Yo respondo: 'Sí, está aquí, pero no he dejado de trabajar para darle la bienvenida. Aún no le he *recibido*'".

"Pero suponga que después", continúa Bennett, "dejo de trabajar y le doy a mi visitante una cordial bienvenida y le dedico toda mi atención, y le pregunto: '¿Qué hace usted aquí y cómo puedo ayudarle?'. Entonces mi visitante quizá se ponga de pie con una sonrisa, estreche mi mano y diga: 'Me alegro mucho de que finalmente me haya *recibido*, porque tengo un cheque para usted de un millón de dólares y quiero entregárselo. Y tengo un mensaje importante de un amigo a quien usted no ha visto desde hace mucho tiempo, además de muchas otras cosas buenas que quiero compartir con usted, *ahora que me ha recibido*".

Lo mismo sucede con muchos cristianos. Tienen al Espíritu Santo presente en sus vidas, pero Él se sienta calladamente esperando a ser *recibido*. Aún no le han dado la bienvenida totalmente, ni le han dado toda su atención, ni han intentado saber cuál es el propósito de su llegada, robándose por lo tanto a sí mismos los dones y poderes que Él desea concederles. Son como los discípulos efesios a quienes Pablo preguntó: "*¿**Recibisteis** el Espíritu Santo cuando creísteis?*" (Hechos 19:2). El bautismo en el Espíritu Santo es *recibirle* con poder en nuestras vidas.

SEIS

¿Deben tener todos los cristianos el bautismo en el Espíritu Santo?

Los apóstoles del Nuevo Testamento pensaban que sí. "*¿Recibisteis el Espíritu Santo cuando creísteis?*" (Hechos 19:2) parecía ser una especie de consigna en la iglesia primitiva. Y la exhortación de Pedro en Hechos 2:38 tanto para aceptar a Cristo como Señor como para recibir al Espíritu Santo está seguida de una promesa universal: "*Porque para vosotros es la promesa, y para vuestros hijos, y para todos los que están lejos; para cuantos el Señor nuestro Dios llamare*" (Hechos 2:39).

Cuando Felipe estaba predicando en Samaria, como narra Hechos 8, y se produjo la conversión de multitudes a Cristo, los apóstoles en Jerusalén rápidamente enviaron a Pedro y a Juan a ministrar a los nuevos convertidos para que pudieran ser llenos con el Espíritu Santo, "*porque aún no había descendido sobre ninguno de ellos, sino que solamente habían sido bautizados en el nombre de Jesús*" (Hechos 8:16).

Es importante destacar que aunque los apóstoles no dudaron de la validez de la conversión de los samaritanos, aun así no estaban contentos con dejarles sin esta experiencia posterior vital del poder de Dios. Hoy día, la mayoría de los cristianos parecen encajar en la descripción de esos samaritanos. Tienen la salvación pero no el poder para ministrar y testificar que viene con el bautismo de Jesús en el Espíritu Santo.

Si usted es cristiano, puede y debería tener el bautismo en el Espíritu Santo.

SIETE

Mi pastor afirma que la era de los milagros ya ha pasado y que los dones carismáticos, hablar en lenguas y sanidad incluidos, ya no son para el presente. ¿Cómo puedo responderle?

Bueno, puede amar a su pastor por su sinceridad, pero su teología en este punto es errónea. La mayoría de los ministros que fueron formados en institutos y seminarios bíblicos liberales recibieron esta misma teoría. Cuando digo esto, me incluyo, porque yo fui formado en uno de estos seminarios. Tenemos que saber cómo surgieron estas teorías y darnos cuenta de que no están basadas en las Escrituras. Hebreos 13:8 dice claramente: *"Jesucristo es el mismo ayer, y hoy, y por los siglos"*. Como solía decir Rufus Moseley: "Esto significa que lo que Jesús era, es; lo que dijo, dice; y lo que hizo, hace". Jesús sigue salvando hoy, sigue sanando hoy, sigue bautizando en el Espíritu Santo hoy, y sigue haciendo milagros para responder a las oraciones de fe hoy.

Creer que la era de los milagros ha pasado es algo que comúnmente se denomina *dispensacionalismo*. El dispensacionalismo afirma que Dios ha probado varios métodos con el hombre, habiendo abandonado por completo cada uno de ellos antes de comenzar el siguiente, de modo que las obras divinas de una era o dispensación no se aplican a la siguiente. Esta enseñanza incorrecta ha provocado literalmente estragos en la fe de millones de cristianos, engañándoles para que crean que el poder sobrenatural de Dios que obró milagros en los días del Nuevo Testamento no está disponible en la actualidad.

El dispensacionalismo obtuvo apoyo popular no porque las Escrituras lo respaldasen, sino porque parecía ofrecer una rápida excusa al porqué la iglesia del presente no es una iglesia que obra milagros. Es mucho más fácil afirmar que la era de los milagros ha pasado que admitir que el poder milagroso de Dios sigue disponible pero que la iglesia carece de la devoción y la fe necesarias para conseguir que se manifiesten.

Algunos dispensacionalistas afirman que los dones de milagros y poderes se retiraron con el cierre de la era apostólica (alrededor del 100 d.C.), cuando el último apóstol y la última persona sobre la que un apóstol impuso sus manos había muerto. Los dones de milagros fueron solo una bendición temporal que Dios concedió para ayudar a la joven iglesia en aprietos a ponerse en pie. Cuando la iglesia finalmente quedó establecida, Dios arrebató el poder.

Otros afirman que fue la terminación del Nuevo Testamento (alrededor del 350 d.C.) lo que señaló el final de los milagros. Cuando se completó el Nuevo Testamento, la revelación de Dios se terminó, así que el Espíritu Santo dejó de hacer milagros y hoy día confina su actividad a la palabra escrita. Esta teoría ha guiado a algunos devotos celosos de esta posición a poner sus Nuevos Testamentos en alto y alardear: "Puedo comprar todo lo que hay del Espíritu Santo por cincuenta centavos".

Aún otros afirman que los milagros solo fueron necesarios mientras los primeros cristianos eran supersticiosos e inmaduros y necesitaban "señales divinas" para ayudarles a creer, pero que la iglesia madura e iluminada del presente no necesita tales señales y milagros. Este último argumento queda tan entredicho por el anémico estado del cristianismo actual que ninguna persona considerada puede tomárselo en serio. Si alguna vez ha existido un tiempo en que la iglesia y el mundo estuvieran en mayor peligro y necesidad, si alguna vez ha existido un tiempo en que las arremetidas de Satanás fueran tan grandes o cuando el enemigo actuara de forma tan manifiesta, la historia ha fallado en registrarlo. Necesitamos todos los dones espirituales y el poder contenidos en el arsenal de Dios para batallar con éxito en la guerra espiritual de nuestros días.

Para buscar un respaldo para sus argumentos, los dispensacionalistas a menudo hacen referencia a dos pasajes de la Escritura. Uno es 1 Corintios 13:8, 10: *"Pero las profecías se acabarán, y cesarán las lenguas... mas cuando venga lo perfecto, entonces lo que es en parte se acabará"*. La llegada de *"lo perfecto"* se supone que es la terminación del Nuevo Testamento. Después de eso, ¡adiós a los dones espirituales!

Cierto, Pablo dijo que lo imperfecto pasará. ¿Pero cuándo? Pablo no sabía nada de un final venidero de la era apostólica, ni de una terminación del Nuevo Testamento. De hecho, no hay nada en sus escritos que indique que alguna vez supusiera que se escribiría un Nuevo Testamento. El contexto deja claro que la llegada de lo perfecto era el regreso de Cristo y el establecimiento del reino de Dios en la tierra, cuando él (y nosotros) veamos a Cristo *"cara a cara"* y *"conoceré como fui conocido"* (1 Corintios 13:12).

El otro versículo es 2 Timoteo 4:20: *"Y a Trófimo dejé en Mileto enfermo"*, lo cual se lee como una prueba bíblica de que los milagros habían cesado en ese tiempo, ya que Pablo no pudo sanar a Trófimo. Pero el hecho de que alguien por quien se ore no reciba sanidad no es un indicativo de que el poder milagroso de Dios haya sido retirado, así como el hecho de que todo el que oiga el mensaje de salvación y no acepte a Cristo no es un indicativo de que Dios haya retirado su poder para salvar. Así como existen muchas razones por las que la gente no responde al mensaje del evangelio, hay muchas razones por las que la gente no responde milagrosamente cuando se hace una oración por sanidad. La verdad es que multitudes han sido salvas mediante la predicación y multitudes han sido sanadas de enfermedades, llenas con el Espíritu Santo, y hoy día están experimentando las manifestaciones sobrenaturales del Espíritu Santo, tal y como Jesús prometió.

> *Y estas señales seguirán a los que creen: En mi nombre echarán fuera demonios; hablarán nuevas lenguas... sobre los enfermos pondrán sus manos, y sanarán.*
>
> (Marcos 16:17–18)

El dispensacionalista, tras haber eliminado a un Dios que hace milagros de su cristianismo, se ve en una dolorosa posición cuando se encuentra ante un milagro de sanidad. No importa que quien reciba la sanidad glorifique a Dios; no importa que amigos y familiares puedan aceptar a Cristo mediante el milagro; no importa que la sanidad sea totalmente coherente con las enseñanzas de Jesús en el Nuevo Testamento. El dispensacionalista a menudo acude a la radical explicación del milagro: "Lo hizo el diablo". Y al declarar que un milagro de Dios es una obra de Satanás, comete un acto de gran peligro espiritual, porque su denuncia raya la blasfemia contra el Espíritu Santo: el pecado imperdonable.

En Mateo 12, cuando Jesús sanó a un endemoniado ciego y mudo, los fariseos dijeron: "*Este no echa fuera los demonios sino por Beelzebú, príncipe de los demonios*" (versículo 24), atribuyendo así el milagro que hizo el Espíritu Santo a Satanás. Escuche la solemne respuesta de nuestro Señor:

> *Por tanto os digo: Todo pecado y blasfemia será perdonado a los hombres; mas la blasfemia contra el Espíritu no les será perdonada. A cualquiera que dijere alguna palabra contra el Hijo del Hombre, le será perdonado; pero al que hable contra el Espíritu Santo, no le será perdonado, ni en este siglo ni en el venidero.* (Mateo 12:31–32)

Un último comentario sobre el dispensacionalismo: Rufus Moseley una vez observó sabiamente: "Si los que insisten en que la era de los milagros ha terminado hubieran vivido en los días de Jesús, la era de los milagros quizá nunca habría comenzado". En otras palabras, el escéptico que rechaza los milagros hoy día también los habría rechazado en los tiempos de Jesús. Los milagros no son más creíbles simplemente porque ocurrieran hace cientos de años. La incredulidad sigue siendo el mayor obstáculo para la manifestación del poder de Dios. Frustró incluso el ministerio de Jesús cuando, en su propia ciudad natal, rehusaron creer y *"se escandalizaban de él"* (Mateo 13:57; Marcos 6:3).

> *Y no pudo hacer allí ningún milagro... Y estaba asombrado de la incredulidad de ellos.* (Marcos 6:5–6)

OCHO

¿Cómo responde a las personas que afirman que esta experiencia no es normativa para el cristianismo y que Jesús nunca habló en lenguas?

Ninguno de los dos argumentos tiene mucho peso. En primer lugar, ¿cuánta importancia deberíamos darle a si una práctica religiosa es actualmente "normativa" o no? El cristianismo no es la religión normativa del mundo en la actualidad, pero esto no impide que los cristianos proclamen a Jesucristo como la Luz del mundo y crean que la voluntad de Dios es que todos los hombres lleguen a un conocimiento salvador de Él. Aunque el bautismo en el Espíritu Santo quizá no sea aún normativo en la iglesia de nuestros días, no obstante, está creciendo a pasos agigantados. Era mucho más normativo en la iglesia primitiva de lo que generalmente se piensa. Un estudio de las Escrituras demuestra que los cristianos en Cesarea, Samaria, Éfeso, Roma, Corinto y Jerusalén recibieron el Espíritu Santo con la evidencia de hablar en lenguas, ya que hay versículos que señalan este hecho de manera directa o indirecta.

Sabemos que los 120 que estaban en el aposento alto en Pentecostés hablaron en lenguas, al igual que lo hacía el apóstol Pablo. De este grupo surgió casi todo el liderazgo de la iglesia primitiva. Obviamente, cuando ellos ministraban en el poder del Espíritu Santo, la experiencia de las lenguas era una parte de lo que compartían y transmitían mediante la oración y la imposición de manos. En todos los lugares donde era recibido el Espíritu Santo, los dones sobrenaturales, incluidas las lenguas, seguían después.

Aunque es solo en la primera carta de Pablo a los Corintios, capítulos 12–14, donde encontramos una extensa discusión o enseñanza acerca de las lenguas y los otros dones carismáticos, no se debió a que los cristianos corintios fueran los únicos cristianos que estaban *experimentando* los dones, sino a que eran los únicos que *abusaban* de ellos.

Por comparación, asumimos que la cena del Señor se realizaba extensamente en toda la iglesia del Nuevo Testamento, pero es solo en la misma epístola, capítulos 10–11, donde se da una amplia enseñanza o instrucciones acerca de la comunión. Aquí, de nuevo, no fue el uso sino el abuso lo que condujo a las instrucciones. Sin embargo, muchos cristianos que han permitido la crítica de Pablo del uso indebido de las lenguas para negar su validez y su uso en la iglesia actual, no soñarían con permitir que la crítica de Pablo de la administración indebida de la cena del Señor negara su derecho a observar la cena del Señor actualmente en su iglesia.

En cuanto a la segunda parte de la pregunta, es cierto que, hasta donde sabemos, Jesús nunca habló en lenguas. Su relación con el Padre era única y su alabanza a Dios perfecta. También, deberíamos recordar que hablar en lenguas y su don acompañante de interpretación son los dos únicos dones identificados con la era del Espíritu Santo, la cual comenzó en Pentecostés. (Todos los demás dones se habían manifestado antes). Lo que es importante que recordemos es que el bautismo en el Espíritu Santo, el cual Jesús mismo otorga, incluía hablar en lenguas. Fue Jesús mismo quien enumeró las lenguas como una de las "señales" que acompañarían a sus seguidores: "*Y estas señales seguirán a los que creen: En mi nombre echarán fuera demonios;* ***hablarán nuevas lenguas***" (Marcos 16:17). Fue el Jesús resucitado y glorificado quien cumplió su propia profecía, enviando al Espíritu Santo con el acompañamiento de hablar en lenguas en Pentecostés.

El bautismo en el Espíritu Santo con el hablar en lenguas era normativo en la iglesia primitiva. Oramos para que sea también normativo en la iglesia actual.

NUEVE

Si el movimiento carismático es realmente un avivamiento enviado por Dios, ¿por qué existe oposición?

¡Dios nos libre del día en que la iglesia no tenga críticos y esté en paz con el mundo! Los tiempos en que la iglesia ha sido más fiel y poderosa han sido siempre tiempos de división, turbulencia y crítica. Todos los grandes avivamientos han tenido sus críticos, y este no es ninguna excepción. El derramamiento del Espíritu Santo trae consigo grandes problemas porque produce un gran poder. El diablo nunca está contento con dejar que el poder de Dios pase sin ser desafiado.

No es fácil para los miembros de la iglesia, que durante años han estado complacidos y satisfechos con sus hábitos religiosos, admitir que algo vital pueda haber faltado en su religión. Norman Vincent Peale observó en cierta ocasión en un sermón que la consigna del protestantismo de clase media alta era "No hacer nada que mueva la barca". Bueno, un derramamiento del Espíritu Santo con dones y poderes hace exactamente eso. Mueve la barca. El testimonio de un cristiano lleno del Espíritu a menudo produce acusación contra miembros de la iglesia cuyas vidas estén relativamente vacías de poder espiritual.

También, parte de la oposición al avivamiento viene de la ignorancia. Muchos cristianos modernos simplemente son ignorantes de la enseñanza bíblica acerca del Espíritu Santo. Al comenzar a familiarizarse con la enseñanza del Nuevo Testamento, muchas de esas mismas personas empiezan a ver que lo que está sucediendo hoy en este avivamiento es bíblico, y comienzan a deshacerse de sus objeciones.

Cuando somos confrontados con el poder de Dios, tenemos dos opciones. Una es afirmar que el avivamiento es falso y rechazarlo. La otra es tomar una postura receptiva, responder con gozo a lo que Dios está haciendo en nuestro tiempo, y dejar que el avivamiento nos alcance.

DIEZ

He visto a personas que tienen el bautismo en el Espíritu Santo y que hablan en lenguas hacer y decir muchas cosas desagradables. ¿Acaso no demuestra esta falta de amor que el fruto del Espíritu es más importante que los dones?

El bautismo en el Espíritu Santo abre el camino a muchos dones maravillosos de Dios, pero no produce una santidad o perfección instantánea. Lejos de ello, no debemos confundir los dones del Espíritu con el fruto del Espíritu. El fruto del Espíritu, que Pablo enumera en Gálatas 5:22–23, es una evidencia no del bautismo en el Espíritu Santo, sino de la conversión o el nuevo nacimiento. (Véase 1 Juan 3:14). Y no siempre es rápido en aparecer en la vida del cristiano, incluso de alguien bautizado en el Espíritu Santo. Así como alguien puede manifestar una medida del fruto del Espíritu, y a la vez no experimentar ninguno de los dones carismáticos, también es posible (aunque no deseable) que alguien bautizado en el Espíritu Santo manifieste dones del Espíritu y al mismo tiempo poco fruto. Pero es muy natural que el fruto tarde tiempo en producirse. Pablo criticó a la iglesia en Corinto porque vio poca evidencia del *fruto* del Espíritu, y a la vez dijo: "*Gracias doy a mi Dios siempre por vosotros… de tal manera que nada os falta en ningún don*" (1 Corintios 1:4, 7).

Por el contrario, no importa si el fruto del Espíritu se evidencia en la vida del cristiano (e idealmente este debería ser siempre el caso), sin el bautismo en el Espíritu Santo, con sus dones auxiliares, esa persona se está perdiendo una gran medida de poder divino que le equipará para un testimonio cristiano más poderoso.

Por supuesto, el ideal es que el cristiano esté manifestando plenamente tanto los dones como el fruto del Espíritu. Defender uno de los dos sin el otro es un error. Ambos van de la mano. Por eso encontramos el hermoso salmo de Pablo al amor en 1 Corintios 13 —y recuerde que el amor es un fruto y no un don del Espíritu— emparedado claramente entre los capítulos 12 y 14. Muchos cristianos, aunque son capaces de citar 1 Corintios 13 de memoria, siguen siendo tristemente ignorantes de los capítulos 12 y 14. Pablo ofrece lo mejor de ambos mundos en el capítulo 14, versículo 1, cuando dice: "*Seguid el amor* [o no estén contentos hasta que manifiesten el fruto del Espíritu]; *y procurad los dones espirituales* [o no busquen solo el fruto, sino también los dones del Espíritu]" (1 Corintios 14:1). Muchos cristianos parecen leer este versículo como si dijese: "Seguid el amor, y rechazad los dones espirituales". Cuando habla del fruto y de los dones del Espíritu, lo que Pablo defiende no es elegir entre uno de ellos, sino tener ambos.

El punto principal a recordar para no confundir los dones y el fruto del Espíritu es este: los *dones* los otorga sobrenaturalmente el Espíritu, manifestándose milagrosamente en el creyente en un momento específico y con un propósito concreto. El *fruto* del Espíritu se puede describir con más precisión como rasgos que se desarrollan en el carácter cristiano, cualidades en la vida del cristiano que, aunque fueron posibles solo por la gracia de Dios, se desarrollan y maduran lentamente.

Las personas que no han entendido aún la experiencia del bautismo en el Espíritu Santo a menudo citan los fallos y las debilidades de los cristianos llenos del Espíritu (la falta del fruto del Espíritu, si quiere) como una razón válida para no buscar el bautismo. Sus críticas deberían ayudarnos a mantenernos humildes. Pero ellos no deberían dejar que tales críticas les impidieran buscar el poder sobrenatural de Dios. Hacer esto es tan necio como aceptar la crítica de alguien no cristiano de un cristiano imperfecto como una prueba válida de que no existe el cristianismo.

La crítica de Pablo del abuso de las lenguas en 1 Corintios 14 a menudo la usan los escépticos para descartar el ejercicio de los dones por completo. Pero aunque Pablo criticó la muestra indisciplinada de lenguas allí, deberíamos recordar que estaba hablando a personas que habían recibido la capacidad de orar en lenguas, aconsejándoles cómo usar la manifestación sabiamente para la edificación de la iglesia. Él no estaba ni menospreciando la debida manifestación de las lenguas ni sugiriendo que se eliminaran de los servicios de alabanza.

> *Así que, hermanos, procurad profetizar, y no impidáis el hablar lenguas; pero hágase todo decentemente y con orden.*
> (1 Corintios 14:39–40)

ONCE

¿Por qué los cristianos llenos del Espíritu hablan tanto de su fe y son tan agresivos en su testimonio? ¿No saben que eso avergüenza a otros cristianos?

Hay cierta verdad en esta observación. A veces los cristianos llenos del Espíritu "presionan" demasiado, y esto parece no ayudar mucho. Pero la causa principal de esta queja quizá no sea tanto el testimonio del cristiano lleno del Espíritu sino más bien la falta de convicción o testimonio cristiano por parte del miembro de la iglesia que es tibio. Como una vez observó de manera un tanto fría Rufus Moseley: "La temperatura espiritual promedio en la iglesia es tan baja que cuando entra un hombre sano, todos piensan que tiene fiebre".

A menudo, el cambio en la vida de una persona que ha recibido el bautismo en el Espíritu Santo es tan destacable, que le resulta difícil *no* hablar de ello. Tiene algo que testificar, y quizá le resulte difícil mantenerse callado. No hay duda de que hay veces en que el entusiasmo puede ponerse por delante de la sabiduría, y las convicciones profundas quizá tensen los límites de la conducta convencional de la iglesia. Sin embargo, si se demuestra que ese testimonio avergüenza a otros, el verdadero problema quizá no esté tanto en quien da testimonio sino en quienes escuchan. ¿Por qué no deberían compartir los cristianos con el mundo y entre ellos la gloria y el poder de Dios? ¡Qué acusación contra la iglesia de Jesucristo es que tantos cristianos se avergüencen del testimonio personal!

Un pastor amigo mío, el Reverendo J. P. Murray de West Lorne, Ontario, habla de regresar a un antiguo pastorado en donde visitó a una familia en la que un hijo adulto estaba locamente enamorado. Una noche, mientras estaban sentados conversando, Murray se dirigió al muchacho. "John", le preguntó, "¿cuánto tiempo llevas enamorado de Mary?". John se sonrojó furiosamente. "¿Cómo sabe que estaba enamorado?", tartamudeó. Murray respondió con una sonrisa: "Lo sé porque no importa de qué estemos hablando, de algún modo te las arreglas para sacar el nombre de Mary en la conversación".

Los que tienen una relación dinámica y vital con Jesucristo mediante el Espíritu Santo son así. Tienen una manera de incluir su nombre en su conversación. Eso bien puede suponer ser una vergüenza en cierta manera para los cristianos tibios. También indica que los que testifican puede que tengan algo maravilloso que compartir.

> *Y llamándolos, les intimaron que en ninguna manera hablasen ni enseñasen en el nombre de Jesús. Mas Pedro y Juan respondieron diciéndoles: Juzgad si es justo delante de Dios obedecer a vosotros antes que a Dios; porque no podemos dejar de decir lo que hemos visto y oído.*
>
> (Hechos 4:18–20)

DOCE

Muchos afirman que este movimiento carismático es tan solo fanatismo. ¿Cómo se puede estar seguro de que es de Dios?

La misma afirmación se ha hecho en contra de todos los avivamientos de la historia del cristianismo; por lo tanto, no hay razón alguna para esperar que este actual avivamiento no tenga su parte de críticas. La tiene. Tradicionalmente, la iglesia institucional ha sido el bastión del conservadurismo. Cualquier cosa nueva o diferente crea automáticamente sospechas. (Algunos han descrito a un conservador como un hombre que piensa que no se debería hacer nada una primera vez).

No es difícil entender la lógica que está detrás de la acusación de fanatismo, o de que todo el avivamiento es falso. A los líderes institucionales siempre les ha parecido más seguro mirar hacia atrás que hacia delante. Los profetas y líderes espirituales que han vivido un mover fresco del Espíritu de Dios siempre han sufrido persecución hasta que sus movimientos religiosos finalmente consiguieron el respeto de la sociedad. Entonces ellos se convirtieron en héroes y "padres de la fe". Hasta entonces eran unos alborotadores y fanáticos.

Alguien describió a un fanático como "alguien que tiene unas convicciones más fuertes que las mías". La definición tiene un gran elemento de verdad. Francamente, vivimos en una era con un cristianismo "diluido". Un hombre dispuesto a dar su vida por su país es un patriota. Si ese mismo hombre confiesa su disposición a morir por Jesucristo, es un fanático. La rama actual del cristianismo pregonada por la mayoría de las iglesias demanda muy poco de la gente. Quizá se esfuerza por consolar a los afligidos, pero no se esfuerza por afligir al que está cómodo. Lo más fácil a lo que alguien se puede unir en el mundo es a una iglesia. Es más difícil ser miembro de la mayoría de las organizaciones de servicio que unirse a la iglesia.

Con este tipo de espíritu y trasfondo existentes en una gran parte de la cristiandad, cualquier afirmación de una experiencia cristiana fresca y vital que altere drásticamente las vidas de quienes la experimentan tiene asociada una etiqueta en muchas esquinas como "fanatismo". Los miembros de iglesias tibios son la contraparte moderna de aquellos a los que Jesús describió en Mateo 13, citando a Isaías:

> *Y con los oídos oyen pesadamente, y han cerrado sus ojos; para que no vean con los ojos, y oigan con los oídos, y con el corazón entiendan, y se conviertan, y yo los sane.*
>
> (Mateo 13:15)

¿Cómo puede estar seguro de que el movimiento carismático es de Dios? Bueno, si está dispuesto a aplicarlas, existen distintas pruebas sencillas que podrían ayudarle a decidir la verdad. Aquí tiene tres de ellas:

1. ¿Es bíblico el movimiento? ¿Coincide con las enseñanzas del Nuevo Testamento y la vida y práctica de la iglesia del Nuevo Testamento? Cualquier movimiento que afirme ser de Dios y a la vez no pueda encontrar apoyo en las Escrituras debería estar bajo sospecha.
2. Las Escrituras dicen: *"Por sus frutos los conoceréis"* (Mateo 7:20), así que observe las vidas de quienes están involucrados. ¿Son mejores personas moral y espiritualmente de lo que eran antes? ¿Son cristianos más fuertes? ¿Es Dios más real para ellos? ¿Son mejores testigos de Jesucristo?

3. ¿Glorifica el movimiento carismático a Jesucristo? Si realmente es de Dios y está respaldado por el Espíritu Santo, exaltará a Jesucristo. ¿Está Jesucristo ocupando una posición más central en las vidas de los que participan en ese movimiento? Si es así, es de Dios.

Si la respuesta a estas tres preguntas es sí, entonces el movimiento carismático es de Dios.

TRECE

¿No es el bautismo en el Espíritu Santo principalmente para el creyente sencillo? ¿No tiene uno que tener un temperamento en particular para estar receptivo a este tipo de experiencia?

No. Pedro lo deja muy claro al decirle a la gente el día de Pentecostés:

> *Arrepentíos, y bautícese cada uno de vosotros en el nombre de Jesucristo para perdón de los pecados; y recibiréis el don del Espíritu Santo. Porque para vosotros es la promesa, y para vuestros hijos,* ***y para todos los que están lejos; para cuantos*** *el Señor nuestro Dios llamare.*
>
> (Hechos 2:38–39)

Al igual que todas las personas pueden conocer a Jesucristo como Señor y Salvador, también creemos que todos los cristianos pueden recibir el bautismo en el Espíritu Santo. No es una experiencia para un tipo en particular sino para todos los tipos. El único requisito previo es que usted debe ser cristiano.

Entre los millones de personas que han recibido el bautismo en el Espíritu Santo en las últimas décadas, encontramos representantes de cada profesión y estilo de vida imaginables y de cada temperamento y tipo de personalidad. Dios no hace acepción de personas, ni de estatus social o económico. En las filas de los creyentes llenos del Espíritu, encontramos doctores, abogados, psiquiatras, profesores universitarios, científicos, clérigos, personal militar (incluyendo almirantes y generales), empresarios ejecutivos y políticos, trabajadores, amas de casa, estudiantes y niños.

El temperamento emocional, la personalidad o el trasfondo religioso puede que tenga algo que ver en lo rápidamente que un cristiano se entrega al Espíritu Santo, y puede que tenga algún efecto sobre la respuesta física a la obra del Espíritu, pero no tiene relevancia en la realidad espiritual ni poder implícito en el bautismo en el Espíritu Santo.

El Espíritu Santo no cambia la personalidad humana, pero su presencia ciertamente la mejora. El Espíritu hace que la gente desganada brille, y que la gente que brilla irradie. Y cuando vemos a alguien cuya personalidad estaba atada y lisiada por el egoísmo y el temor ser liberado por el poder del Espíritu Santo, puede parecer que en verdad ha sufrido una transformación de personalidad.

Pero el Espíritu Santo es un caballero. Él trabaja en nuestras vidas solo en la medida en que nosotros estamos dispuestos. Él provoca, guía, enamora y persuade, pero no fuerza. Para ser cristiano, una persona debe voluntariamente querer aceptar a Cristo, y puede. Para ser lleno del Espíritu Santo, un cristiano debe voluntariamente querer recibirlo, y puede. El bautismo en el Espíritu Santo está disponible para todo cristiano, independientemente de cuáles sean sus rasgos de personalidad o su temperamento.

CATORCE

Si los dones milagrosos son para el presente, ¿por qué no podemos vaciar los hospitales y las camas de los enfermos y dar respuestas milagrosas para todas las necesidades de la humanidad?

Esta es una pregunta que normalmente deambula entre los cristianos que sienten que la era de los milagros se ha terminado. Su debilidad reside en la implicación de que el poder para obrar milagros de Dios es como la magia, y que las señales y maravillas del poder de Dios pueden estar divorciadas del mensaje del evangelio. Volvamos a plantear la pregunta en términos de la salvación: si Jesús es el Hijo de Dios con poder para salvar, ¿por qué el mundo entero no es cristiano? La respuesta inmediata es que la salvación depende de la respuesta que dé el hombre al mensaje del evangelio.

Potencialmente, lo que plantean ambas preguntas es posible, porque potencialmente, todas las necesidades humanas se han satisfecho en la gracia de Dios revelada a través de la expiación de Jesucristo. Cristo murió por *todos* los hombres. La intención de Dios de establecer una sociedad en la tierra donde se suplan todas las necesidades mediante su amor y su gracia se revela claramente en la enseñanza del Nuevo Testamento. Se llama el reino de Dios. Jesús lo demostró en su ministerio, proclamó su proximidad, y nosotros oramos por su manifestación cada vez que oramos el Padre Nuestro: *"Venga tu reino… en la tierra"* (Mateo 6:10; Lucas 11:2).

Pero también debemos reconocer que *las promesas de Dios son condicionales*. Requieren la rendición de la voluntad del hombre a la voluntad de Dios. La respuesta completa del hombre en fe a las promesas de Dios conlleva sumisión y obediencia. De hecho, necesita un tipo de muerte; una crucifixión de la vieja naturaleza para que la vida y la naturaleza divina de Jesucristo puedan ser formadas en nosotros.

No encontramos base alguna en la Escritura para suponer que las bendiciones y los milagros de Dios son automáticos, o que se otorguen a quienes son incrédulos, indiferentes o no se arrepienten y no han buscado la voluntad de Dios ni le han rendido sus vidas. Las bendiciones de Dios dependen del arrepentimiento y la rendición del hombre, y su búsqueda de Dios en oración y con fe. Como el Señor le recordó a Salomón:

> *Si se humillare mi pueblo, sobre el cual mi nombre es invocado, y oraren, y buscaren mi rostro, y se convirtieren de sus malos caminos; entonces yo oiré desde los cielos, y perdonaré sus pecados, y sanaré su tierra.* (2 Crónicas 7:14)

Puede que enseguida llegue el tiempo en que los milagros de sanidad en masa tengan como resultado que se vacíen hospitales enteros. Esto ya se ha visto en visión y el Señor lo prometió en profecía. Es un hecho establecido que incluso hoy día, cuando grandes avivamientos se están produciendo, como el de Indonesia, los milagros de sanidad en masa ya se han producido.

Los milagros de sanidad y otras evidencias sobrenaturales del poder de Dios son las "señales" que, desde la era de los apóstoles, debían seguir "*a los que creen*" (Marcos 16:17). En la actualidad los encontramos produciéndose con una frecuencia cada vez mayor, y creemos que anuncian el reino milagroso y sin pecado, el cual Jesucristo establecerá en la tierra cuando regrese.

QUINCE

¿Puede alguien recibir el bautismo en el Espíritu Santo y no ser consciente de que lo ha recibido?

En términos generales, la respuesta a esta pregunta es no, uno no puede recibir el bautismo en el Espíritu Santo y no saber que lo ha recibido. Pero para ser más preciso, debemos calificar esa respuesta en tres formas:

1. En raras ocasiones personas *han* recibido el bautismo en el Espíritu Santo con la manifestación de hablar en lenguas y, aunque sabían que algo extraño y maravilloso había sucedido, no sabían qué era lo que les había ocurrido. Nunca habían oído del bautismo en el Espíritu Santo, y por eso no tenían manera de definir la experiencia. En tales casos, el bautismo por lo general se produce en algún momento profundo de oración o durante un tiempo de alabanza espontánea a Dios.

   Conocemos a una amiga que pasó al frente en una reunión pensando que lo hacía para que orasen por sanidad. Ella no había entendido bien la invitación del pastor, la cual había sido para aquellos que estaban buscando el bautismo en el Espíritu Santo. Cuando se sentó en el lugar indicado, algunas personas se juntaron a su alrededor y comenzaron a orar por ella. De repente, sintió que su lengua comenzó a retorcerse en su boca y se dio cuenta de que estaba hablando en lenguas en medio de un sentimiento glorioso de amor y poder. Pero fue solo después de que sus amigas le explicasen su experiencia cuando ella entendió lo que le había ocurrido. Pero de nuevo, enfaticemos que tales experiencias no son comunes.

2. Una segunda parte de la respuesta está dirigida a otro grupo de personas. Hay algunos cristianos que parecen sentir que el bautismo en el Espíritu Santo es una bendición que Dios misteriosamente y secretamente otorga, por aquí y por allá. Se preguntan si, en algún momento de su caminar o experiencia cristiana, recibieron esta bendición sin ser conscientes de ella. Se preguntan si recibieron el bautismo cuando aceptaron a Cristo o en algún momento cuando hicieron algún compromiso especial con Dios. Creo que es bastante seguro decir a todas esas personas: "Si duda de haber recibido el bautismo en el Espíritu Santo, no lo ha recibido". Este encuentro con el Espíritu Santo de Dios está demasiado cargado de vida y poder divinos como para que pensemos que nos llegó y no nos dimos cuenta. Y esta es una de las razones por las que buscamos la manifestación de hablar en lenguas. Es una evidencia concreta de que la persona que está hablando ha sido bautizada en el Espíritu Santo.

3. Una tercera parte de la respuesta a esta pregunta trata con aquellos que han buscado de forma activa el bautismo en el Espíritu Santo, han recibido oración por el bautismo y nunca han hablado ningunas palabras extrañas en lenguas, pero dudan de haber recibido realmente el bautismo. Muchas, muchas personas experimentan este problema. Han recibido el bautismo pero a la vez no están seguros de su experiencia. No han hablado de manera tan fluida como sus amigos, o su experiencia no ha estado a la altura de sus expectativas. Si este es su caso, entonces permítame asegurarle que sí, usted ha recibido el bautismo en el Espíritu Santo, pero el diablo está intentando quitarle la idea

de su cabeza. Si tan solo ha dicho una sílaba en lenguas, reclame su experiencia por fe y persevere en oración hasta que hable con fluidez en su nuevo lenguaje de alabanza.

Entonces, para resumir, en raras ocasiones Dios bautiza a personas en el Espíritu Santo y estas no saben lo que ha ocurrido, salvo que ha sido maravilloso. Segundo, si una persona nunca ha buscado el bautismo, nunca ha hablado en lenguas, pero a la vez se pregunta si quizá Dios le ha bautizado sin que sea consciente de ello, no, *no* lo ha recibido. Pero tercero, cuando una persona busca activamente el bautismo y se ora por dicha persona, quizá reciba e incluso hable unas pocas palabras en una lengua desconocida y sin embargo duda, entonces *sí*, lo ha recibido, pero el enemigo está haciendo su parte para intentar quitarle dicha idea.

DIECISÉIS

¿Por qué las personas bautizadas en el Espíritu Santo no se ponen de acuerdo en todos los puntos de la doctrina?

El bautismo en el Espíritu Santo siempre produce cambios importantes en la teología de quienes lo reciben, porque la desbordante realidad del Espíritu Santo tiende a hacer insignificantes muchas de las creencias y doctrinas que antes se sostenían. Pero deberíamos recordar que el bautismo en el Espíritu Santo es ser equipado con poder para el servicio cristiano, no un ticket para la omnisciencia. En muchos puntos, los cristianos llenos del Espíritu difieren. Pero están al cien por ciento de acuerdo en la importancia y el significado del bautismo en el Espíritu Santo.

Incluso los apóstoles no siempre estaban de acuerdo. (Véase Hechos 15; Gálatas 2:1–15). Con todo lo grande y sabio que era Pablo, seguía admitiendo: "*Ahora vemos por espejo, oscuramente… Ahora conozco en parte*" (1 Corintios 13:12). Sin embargo, a pesar de las diferencias hay una comunión muy preciosa y unidad creada entre las personas bautizadas en el Espíritu Santo. Es una unidad nacida del Espíritu Santo y sostenida por el Espíritu Santo. Muchos creemos que es en el movimiento carismático donde reside la mayor esperanza para la verdadera unidad cristiana.

Uno de los deleites de recibir el bautismo en el Espíritu Santo es la libertad que produce con respecto al denominacionalismo. El vínculo de comunión creado por el bautismo en el Espíritu Santo tiende a restar importancia a las diferencias denominacionales y unir a los cristianos a un nivel por encima de su alcance. Personalmente conozco a bautistas, metodistas, episcopalianos, luteranos, congregacionalistas, discípulos de Cristo, presbiterianos, nazarenos, pentecostales de varios tipos, así como miembros de la Iglesia Unida de Canadá, los Hermanos, moravos, Amish y católicos romanos, todos llenos del Espíritu. Y cuando nos reunimos y tenemos comunión, la principal preocupación no es qué denominación tiene razón, sino: "¿Cómo podemos hablar a más personas acerca del amor de Jesús y del poder de su Espíritu Santo?".

DIECISIETE

¿Qué se supone que debe lograr el bautismo en el Espíritu Santo en nosotros?

Esencialmente, el bautismo en el Espíritu Santo es una puerta que lleva de un ámbito natural a un ámbito sobrenatural de la vida y la experiencia. El cristiano promedio, aunque profese verdaderamente a Cristo, actúa principalmente en sus fuerzas, tomando sus propias decisiones, viviendo por su propio poder y controlando su vida. Pero a través del bautismo en el Espíritu Santo, el cristiano sale de este ámbito natural y se adentra en un ámbito donde puede comenzar a experimentar los dones *sobrenaturales* y poderes del Espíritu Santo de Dios.

La evidencia inicial de entrar en este ámbito sobrenatural es la capacidad de hablar en otras lenguas. (Véase Parte II para una discusión acerca de las lenguas). Pero eso es solo el comienzo. Si lo único que les ocurrió a los 120 en Pentecostés hubiera sido que comenzaron a hablar en otras lenguas, su experiencia se les habría olvidado pronto. Lo mismo ocurre hoy. Si lo único que le ocurre a una persona cuando recibe el bautismo en el Espíritu Santo es que habla en lenguas, entonces no está avanzando en fe en este poderoso nuevo ámbito al que Dios le está llevando. Hay muchos otros beneficios y bendiciones esperándole. La lista que sigue contiene los testimonios de muchos cristianos llenos del Espíritu. Aunque es una lista típica, no pretende en modo alguno ser exhaustiva.

1. El bautismo en el Espíritu Santo a menudo produce una seguridad más fuerte de salvación.

Jesús dijo: *"El que no naciere de nuevo, no puede ver el reino de Dios"* (Juan 3:3). Muchos cristianos, cuando aceptan a Jesucristo como Salvador, experimentan una profunda conversión y la seguridad de que pertenecen a Cristo. Pero para muchos otros, la seguridad de su experiencia de nuevo nacimiento no sucede hasta que son bautizados en el Espíritu Santo. Como dijo Pablo: *"Por el cual clamamos: ¡Abba, Padre! El Espíritu mismo da testimonio a nuestro espíritu, de que somos hijos de Dios"* (Romanos 8:15–16).

Hoy día, muchos miembros de las principales denominaciones cristianas, al oír acerca de la posibilidad de una relación más personal y poderosa con Jesús, la han buscado y hallado a través del bautismo en el Espíritu Santo.

El siguiente testimonio de alguien que recibió recientemente el bautismo en el Espíritu Santo es típico de muchos otros:

> Durante años había asistido fielmente a la iglesia. Iba a las reuniones de adoración; escuchaba los sermones; trabajaba en los comités; servía de todas las maneras que sabía; sin embargo no estaba satisfecho. Cuando oí acerca del bautismo en el Espíritu Santo, supe que eso era algo que realmente necesitaba. Y cuando lo recibí, Jesús pasó a ser alguien mucho más real para mí. ¡Todo cambió! Comencé a amar a las personas. Los servicios de la iglesia de repente cobraron vida. Todos los himnos y oraciones se convirtieron en algo extremadamente dulce. Los sermones sonaban como si tuviéramos un pastor nuevo, aunque él había estado diciendo las mismas cosas todo el tiempo. Me di cuenta de que era yo el que había cambiado.

A la vez, intentar explicar esta experiencia a quienes no la han experimentado por ellos mismos puede resultar tan difícil como intentar describir lo que es el calor a los esquimales. En iglesias donde la adoración y el servicio están basados en un acuerdo intelectual con el evangelio, donde la comunión está determinada por lazos sociales y económicos en vez de por una experiencia común de redención personal, el testimonio de un cristiano lleno del Espíritu, cuyo corazón ha sido derretido en la llama de un profundo encuentro muy significativo con el Señor resucitado como Bautizador y Rey, se puede malinterpretar totalmente o rechazar. El miembro de iglesia tibio no puede llegar a entenderlo del todo hasta que no le suceda a él.

2. El bautismo en el Espíritu Santo produce una mayor crucifixión del *"viejo hombre"*.

El bautismo en el Espíritu Santo trae consigo una nueva sensibilidad espiritual, una sensibilidad que actúa en más de una forma. Así como somos más conscientes de la presencia de Dios dentro de nosotros, también somos más conscientes de la presencia del pecado. Esta mayor sensibilidad al pecado queda emparejada con un deseo de santidad personal, pero aunque el espíritu está dispuesto, a menudo la carne es débil.

Potencialmente, morimos a la vieja naturaleza cuando nos hacemos cristianos.

> *Sabiendo esto, que nuestro viejo hombre fue crucificado juntamente con él, para que el cuerpo del pecado sea destruido, a fin de que no sirvamos más al pecado.* (Romanos 6:6)

El entender esta crucifixión del *"viejo hombre"* en nuestra actual experiencia es otro asunto. Aunque uno puede experimentar una liberación inmediata de una enfermedad, adicción o debilidad personal en concreto como resultado de ser bautizado en el

Espíritu Santo, y aunque un gozo nuevo e inconfundible entre en la vida de uno, sigue produciéndose una batalla contra el *"viejo hombre"* que se debe librar en otras áreas de nuestra vida. *No existe la santidad instantánea.*

Una amiga, Enid Newman, una vez compartió una experiencia que ilustra este punto. Un día, mientras estaba orando fervientemente para que Dios le hiciera más tolerante y amorosa, el Espíritu Santo le impulsó a reclamar cierto pasaje de la Escritura como una promesa personal, Ezequiel 36:26: *"Os daré corazón nuevo... y quitaré de vuestra carne el corazón de piedra, y os daré un corazón de carne"*. Mientras reclamaba este versículo, sintió un nuevo y precioso amor afirmándose en su corazón, y se emocionó tanto que pensó que había sido una transformación espiritual instantánea. Pero después, en una visión, vio una imagen de su corazón. Era como un vagón cargado de chatarra: sucia, oxidada e inservible. Mientras lo contemplaba con desaliento, vio que una pequeña pieza de metal comenzaba a brillar hasta convertirse en algo parecido al oro más puro. El Espíritu Santo le dio testimonio de que esa era la transformación que acababa de experimentar, y que, mientras continuase rendida a Él, poco a poco Él seguiría haciendo que su corazón fuera cada vez más puro y nuevo.

La crucifixión del viejo hombre, la cual comienza con el nuevo nacimiento y se intensifica con el bautismo en el Espíritu Santo, es un proceso largo y doloroso. Puede que estén en lo cierto quienes afirman que esta limpieza es el *"fuego"* del que habló Juan el Bautista cuando dijo que Jesús bautizaría *"en Espíritu Santo y fuego"* (Lucas 3:16). No seríamos del todo honestos si afirmásemos que esta entrada de poder espiritual no tiene un elemento de crucifixión asociado. ¡Lo tiene! Pero el gozo de estar en la Vid nos capacita para soportar la poda del Hortelano.

3. El bautismo en el Espíritu Santo hace que las Escrituras cobren vida.

El adulto promedio que asiste a la iglesia parece encontrar el estudio de la Biblia como algo tan agradable como las ortigas. De niño, quizá fue obligado a estudiar la Biblia en la escuela dominical, pero por lo general solo hasta que fue suficientemente mayor como para agotar la resistencia de sus padres y dejar de asistir. Escoja la iglesia que quiera, y será muy probable que solo encuentre un puñado de miembros adultos que estén estudiando verdaderamente la Biblia. No es que el Sr. o la Sra. Promedio cristiano tenga nada en contra de la Biblia. Pregúnteles si creen en la Biblia y probablemente le dirán que sí. Pero son indiferentes a ella; no tiene ninguna verdadera demanda sobre ellos. Obviamente, lo que falta es motivación divina, y esa motivación queda suplida por medio del bautismo en el Espíritu Santo. Los cristianos que reciben el bautismo en el Espíritu Santo ven que la Biblia se eleva a un nuevo nivel más alto cuando el Espíritu crea un nuevo hambre por la Palabra de Dios.

Yo recibí el bautismo en el Espíritu Santo mientras estudiaba para el ministerio, y ya había tenido un conocimiento formal de las Escrituras. Pero de repente, el mensaje de la Biblia cobró vida cuando comencé a encontrar que sus personajes estaban llenos del Espíritu o eran guiados por el Espíritu y tenían una relación con un Dios vivo. La Biblia emergió como un registro vivo de los tratos *sobrenaturales* de Dios con sus hijos. El Espíritu Santo, con una autoridad y poder flameantes, me reveló una gran tesis en la Escritura que la iglesia hoy parece ignorar constantemente: lo que el hombre no puede hacer por sí mismo, el poder amoroso y sobrenatural de Dios lo hará por él, si este se lo pide, cree y obedece. "*Por tanto, Jehová esperará para tener piedad de vosotros, y por tanto, será exaltado teniendo de vosotros misericordia*" (Isaías 30:18). Con las Escrituras confrontándome de esta forma poderosamente nueva, todo deseo de criticar, racionalizar o disputar con su autoridad comenzó a derretirse, y la Biblia se convirtió en la Palabra viva de Dios para mí.

Bajo la iluminación del Espíritu Santo, el mensaje bíblico se hace personal e íntimo de la forma más destacada. A veces, la guía y la visión saltan de sus páginas de una manera casi sobrenatural, respondiendo preguntas particulares y proporcionando la sabiduría necesaria. Entendiblemente, este tipo de guía es de una naturaleza tan personal y subjetiva que todo el impacto de su relevancia se puede comunicar o aplicar a un grupo más grande en muy contadas ocasiones. Pero la fiabilidad de esa guía quedó establecida para mí hace años, y he llegado a confiar en este método de la obra del Espíritu Santo en mi vida implícitamente.

4. El bautismo en el Espíritu Santo hace posible la guía de Dios de formas nuevas y poderosas.

A veces, haciendo caso omiso de lo que llamamos sentido común, el Espíritu Santo nos llevará a acciones y decisiones inesperadas donde puede que nos sintamos frustrados e indefensos hasta que los resultados revelan que una voluntad y sabiduría mucho mayor que la nuestra está actuando.

En cierta ocasión, mientras pastoreaba en Sharon, Pensilvania, un amigo lleno del Espíritu, el Dr. Victor Dawe, condujo hasta Pittsburgh conmigo para ver al Reverendo Harald Bredesen, un buen amigo personal y figura predominante del avivamiento carismático que estaba realizando un seminario informal en la universidad Duquesne con algunos miembros de la facultad y estudiantes que estaban involucrados en el movimiento carismático.

Tanto Victor Dawe como yo teníamos otros asuntos que discutir con Harald, y teníamos la intención de llegar bastante antes de que comenzara la reunión. Pero al entrar a Pittsburgh, nos vimos atrapados en un atasco de tráfico monumental, abriéndonos paso entre un salvaje laberinto de carreteras en construcción y autopistas sin terminar, ninguna de las cuales parecía llevarnos en la dirección de la universidad. Cansados y enojados, nos vimos tentados en varias ocasiones a olvidarnos de la aventura y regresar a casa. Llegó la hora de la reunión y ni tan siquiera estábamos aún cerca de nuestro destino. Entonces, para empeorar más las cosas, nos dimos cuenta de que estábamos en una autovía que pasaba junto a la universidad pero que no tenía ninguna salida al campus, con lo cual nos obligaba a conducir varios kilómetros más antes de poder hacer un cambio de sentido y dar la vuelta. Para entonces, ya estaba yo lo suficientemente exasperado como para lamentar haber oído de la fe cristiana en general y del movimiento carismático en particular.

Finalmente, llegamos al campus, donde un amable estudiante nos indicó cómo llegar al edificio donde se estaba desarrollando el seminario. Ya había pasado más de una hora desde el comienzo de la reunión. Mientras girábamos por el estacionamiento, nos alivió encontrar dos espacios libres para estacionar justo enfrente de la entrada, los únicos dos espacios en una gran fila de automóviles estacionados. Mientras entraba en uno de esos espacios, un pequeño sedán entró en el segundo estacionamiento. Nos bajamos del automóvil y nos impactó ver a Harald Bredesen saliendo del otro automóvil. Por circunstancias que no conocíamos, él también llegaba tarde. Mientras los responsables del seminario se dispersaban por todo el campus para buscar a los estudiantes y miembros facultativos, Victor, Harald y yo nos sentamos en las escaleras del frente y tuvimos una pausada media hora hablando de esas cosas que más nos importaban, y maravillándonos de cómo, en medio de la confusión y la queja, el Espíritu Santo había obrado para juntarnos.

Otras veces, el Espíritu Santo actuará con urgencia para que entremos en la voluntad de Dios para un propósito particular. Hace varios años, mientras servía en una iglesia en Toronto, Canadá, experimenté un incidente así. Estaba cortando el césped de la casa parroquial un sábado en la tarde cuando, bajo un inusual toque del Espíritu Santo, me sentí impulsado a asistir a un servicio en un avivamiento de sanidad que se estaba realizando en la parte oeste de esa ciudad. De camino al servicio, el Espíritu Santo me dirigió a un hospital donde uno de mis diáconos se recuperaba de una operación. Mientras me acercaba al hospital, el Espíritu me reveló que encontraría al diácono a punto de morir y que debía llevar su nombre al servicio de sanidad, pedir oración por su sanidad y estar ahí como su representado para la imposición de manos. Tal y como me había guidado el Espíritu, encontré al diácono cercano a su muerte, seguí con dirección al servicio de sanidad y me puse en pie en representación para pedir oración y la imposición de manos por él. Dios detuvo la mano de muerte y el diácono se recuperó.

A veces, este tipo de impulsos del Espíritu Santo parece estar en conflicto con nuestros propios deseos naturales, y otras veces nuestros planes parecen entrar en conflicto con sus deseos a los que somos reticentes de ceder en obediencia. A menudo, el Espíritu Santo debe torcer nuestros planes para hacernos más receptivos a los suyos. Esto ocurrió así en la iglesia primitiva.

> *Y atravesando Frigia y la provincia de Galacia, les fue prohibido por el Espíritu Santo hablar la palabra en Asia; y cuando llegaron a Misia,* ***intentaron ir a Bitinia, pero el Espíritu no se lo permitió****. Y pasando junto a Misia, descendieron a Troas.* (Hechos 16:6–8)

El Espíritu Santo también nos enseña amablemente que no somos responsables del mundo entero. Hay ciertas condiciones y personas que no están en nuestro "alcance" personal, a quienes por razones que solo Dios conoce, no nos corresponde ayudar.

Un estudio detallado del ministerio de Jesús indica que Él estaba sujeto a la guía y dirección discriminatoria del Espíritu Santo. Aunque Él amaba a todos los hombres y nunca rehusó ayudar o sanar a alguien que acudiese a Él buscándole, aun así Él no forzó su ministerio con personas que no estaban interesadas en Él o que no estaban listas para creer en su mensaje. Por ejemplo, cuando visitó el estanque de Betesda donde había toda una multitud de personas enfermas, Él fue guiado por el Espíritu Santo para ministrar solo a un hombre. (Véase Juan 5:1–9).

5. El bautismo en el Espíritu Santo da más poder en oración.

La iglesia como un todo parece aún dormida al hecho de que la oración ferviente y en fe es el canal mediante el que fluye el poder de Dios para obrar milagros. Muchos miembros de las iglesias, y también pastores, admiten abiertamente que la oración de intercesión no tiene lugar en sus vidas. Recuerdo el impacto y desánimo que sentí cuando oí la admisión de un profesor de seminario, un antiguo capellán del ejército y ministro ordenado en mi propia denominación, confesando francamente que nunca había visto ocurrir nada en toda su vida, ni a él ni a otra persona, que le diera alguna seguridad de que Dios oye y responde las oraciones. Muy temprano en nuestro viaje espiritual, mi esposa y yo comenzamos a experimentar respuestas a oraciones definitivas y a veces drásticas. Sigue siendo un asunto de mucha preocupación para nosotros el que pocos cristianos saquen partido de este arma tan poderosa. Después de veinte años confiando en Él, no podríamos comenzar a contar las veces en que Dios ha respondido amorosa y compasivamente nuestras peticiones.

Simplemente ayer, experimentamos su amor y bondad de esta forma. Durante varios días habíamos estado presentándole una obligación económica que ascendía a 94,28 dólares. Sencillamente no teníamos dinero para pagar esta obligación y no sabíamos de dónde podríamos sacar esa cantidad en un futuro inmediato. Sin embargo, oramos, confiando en Dios, recordándole su promesa de que mientras buscáramos ministrar fielmente según su voluntad, Él proveería para nuestras necesidades. Entonces, en el correo de ayer llegaron dos cheques de fuentes totalmente inesperadas que sumaban 95 dólares, y nos gozamos no solo en que Dios suple nuestra necesidad, sino en hacerlo con una cantidad tan exacta que no podía haber duda de que Él era un Padre amoroso que respondía a una petición específica que le habían hecho sus hijos.

Así, vemos que las declaraciones de Jesús acerca del poder de la oración no son solo "destellos de una hipérbole brillante", como racionalizó un crítico de la Biblia, sino en cambio, son firmes declaraciones de lo que Dios puede hacer y hará como respuesta a la oración con fe.

Y el bautismo en el Espíritu Santo claramente añade una dimensión más profunda a la oración. La capacidad de orar en lenguas aporta con ella una nueva libertad espiritual y crea una intimidad preciosa con Jesús previamente no conocida. Cuando no está seguro de cómo orar en alguna situación, el cristiano lleno del Espíritu puede pasar a orar en lenguas con la confianza de que esa oración dirigida por el Espíritu es más eficaz que sus propios esfuerzos intelectualmente dirigidos. Como nos recuerda Pablo:

> *Y de igual manera el Espíritu nos ayuda en nuestra debilidad; pues qué hemos de pedir como conviene, no lo sabemos, pero el Espíritu mismo intercede por nosotros con gemidos indecibles. Mas el que escudriña los corazones sabe cuál es la intención del Espíritu, porque conforme a la voluntad de Dios intercede por los santos.* (Romanos 8:26–27)

6. El bautismo en el Espíritu Santo abre nuestros ojos a la realidad de Satanás y su poder.

El bautismo en el Espíritu Santo abre los ojos del cristiano no solo a las realidades sobrenaturales de Dios, sino también al dominio de demonios. Las líneas de combate entre el bien y el mal, entre Dios y Satanás, se trazan de forma mucho más clara. Satanás no es un producto de la imaginación hiperactiva que se debe explicar mediante sofisticación religiosa. Él es, como Jesús sabía que era, un adversario personal, real y astuto.

En Mateo 4:1–11 tenemos el relato de la propia tentación de Jesús por el diablo al comienzo de su ministerio. Las tentaciones fueron sutiles y poderosas, ofrecidas en términos de los poderes especiales de Jesús, tentándole para que lograra una victoria rápida y fácil. Jesús experimentó y venció al tentador confiando en la Palabra de Dios. Aunque el encuentro era obviamente una experiencia profundamente personal y privada, sin embargo entró en el Nuevo Testamento porque Jesús lo compartió con sus discípulos, y por lo tanto con nosotros, para que sepamos y estemos advertidos del ministerio perturbador de Satanás.

Las Escrituras revelan claramente que nuestro pecado, enfermedad, pobreza y temor son todo ello resultado de la opresión de Satanás. Jesús nunca le dijo a nadie que la enfermedad fuera de Dios; Él la reconoció y trató como lo que es: una aflicción del diablo, que se debe expulsar y destruir mediante el poder del Espíritu Santo. *"El ladrón no viene sino para hurtar y matar y destruir; yo he venido para que tengan vida, y para que la tengan en abundancia"* (Juan 10:10). *"Cómo Dios ungió con el Espíritu Santo y con poder a Jesús de Nazaret, y cómo éste anduvo haciendo bienes y sanando a todos los oprimidos por el diablo, porque Dios estaba con él"* (Hechos 10:38). *"Para esto apareció el Hijo de Dios, para deshacer las obras del diablo"* (1 Juan 3:8).

Pablo nos dice:

> *Porque no tenemos lucha contra sangre y carne, sino contra principados, contra potestades, contra los gobernadores de las tinieblas de este siglo, contra huestes espirituales de maldad en las regiones celestes.* (Efesios 6:12)

Uno de los increíbles ministerios en que los cristianos llenos del Espíritu se ven envueltos es el echar fuera demonios. Hemos descubierto que muchas formas de enfermedad, tanto físicas como mentales, son el resultado directo de la opresión demoniaca, y que, en tales casos, la liberación no pasa por orar en fe sino por tomar autoridad sobre los demonios en el nombre de Jesús y ordenarles salir. Los resultados a menudo son bastante notorios.

En muchos casos, los demonios se manifiestan en la persona tal y como lo hacían en los tiempos del Nuevo Testamento, adueñándose y hablando a través de la persona. Llegan a disputar, o lisonjear, o rogar, o insistir en su derecho a estar en la persona. Al principio, puede que rehúsen salir y pueden maldecir o amenazar al que está tomando la autoridad sobre ellos. Si se les ordena, deben decir su nombre, y el nombre normalmente revela su esfera de actividad. Al participar en este ministerio, he confrontado personalmente a demonios que dieron nombres como Orgullo, Rencor, Mentiras, Asesinato, Ira, Miseria, Resentimiento, Soledad, Pereza, Necedad, Glotonería, Autodestrucción, Maldad, Locura, Lujuria, Enfermedad, Ceguera, Mudez, Autocompasión, Hurto, Lascivia, Blasfemia, Timidez, Profanidad, Vanidad y muchos otros.

Con frecuencia, muchos demonios residen en una sola persona, como en el caso de María Magdalena en el Nuevo Testamento, de la que Jesús expulsó siete demonios. (Véase Marcos 16:9). En tales casos, los demonios pueden ser expulsados rápidamente, o la liberación puede durar varias horas o varias sesiones de oración hasta que todos los demonios sean identificados y expulsados. Jesús mismo dijo que en algunos de estos casos es esencial la oración y el ayuno para usarlos en el ministerio de liberación. (Véase Mateo 17:21).

También debemos hacer hincapié en que una cosa es echar fuera demonios y otra cosa es mantenerlos fuera. Para mantenerse libre, una persona debe permanecer vigilante en oración y edificar fielmente sus recursos espirituales. Debe resistir con verdadera determinación todos los esfuerzos de Satanás por querer entrar de nuevo a su vida.

Este no es un ministerio informal, y solo debería realizarse bajo la guía del Espíritu Santo, y solo con mucha oración y continua invocación de la sangre de Cristo para protección. No es tampoco un ministerio que se deba acometer en solitario, ya que puede ser físicamente bastante agotador. A veces, la ayuda física es necesaria para refrenar a la persona poseída, ya que los demonios que tiene dentro puede que quieran provocar daños corporales arrojando a la persona al suelo o golpeando su cabeza contra la pared. Por lo tanto, el ministerio se debería realizar solo en equipos de dos o más personas.

Cuando el cristiano lleno del Espíritu entra en esta arena espiritual y comienza a pelear contra Satanás en su propio terreno, debe permanecer doblemente en guardia contra el acoso y los ataques de Satanás contra su propia persona, o contra otros miembros de su familia. Sin embargo, cuando uno es guiado a este ministerio, él o ella puede abordarlo con determinación y fe, sabiendo que Satanás es un enemigo derrotado y que él y sus lacayos demoniacos deben ceder ante la autoridad y el poder de Jesucristo.

7. El bautismo en el Espíritu Santo produce un interés por la salvación de otros.

Con el bautismo en el Espíritu Santo llega una nueva revelación del dolor en el corazón de Dios por salvar a sus hijos. El cristiano lleno del Espíritu comienza a sentir parte de la compasión que Cristo sintió cuando lloró por Jerusalén.

> *¡Jerusalén, Jerusalén, que matas a los profetas, y apedreas a los que te son enviados! ¡Cuántas veces quise juntar a tus hijos, como la gallina junta sus polluelos debajo de las alas, y no quisiste!* (Mateo 23:37)

Este profundo y compasivo clamor que el Espíritu Santo comparte con nosotros es, por supuesto, la motivación básica del evangelismo cristiano. La Biblia enseña claramente que el hombre está perdido sin Cristo, *"porque el Hijo del Hombre vino a buscar y a salvar lo que se había perdido"* (Lucas 19:10). El término *"perdido"* es el término de Dios, no nuestro. Él nos considera sus hijos perdidos hasta que somos salvos por la gracia de Jesucristo. La palabra *perdido* es una de las palabras más emotivas de nuestro lenguaje. Significa separación de todo lo que se ama y es familiar. Algún ser amado y querido falta. La palabra implica un estado caído, separación de la bendita seguridad y privilegio. Si alguien está perdido, significa que antes era propiedad de alguien, o que pertenecía a alguien. Si un niño se pierde, significa que se alejó más allá de la protección de sus padres. Se enfrenta al peligro y el sufrimiento que nunca debió tener, y esto significa sufrimiento y angustia para los padres que le aman y que moverían cielo y tierra por recuperarle.

La historia del hijo pródigo en Lucas 15 revela con más claridad que ningún otro relato bíblico el anhelo de Dios por el regreso de sus hijos perdidos. El versículo clave es Lucas 15:20. El pródigo ha malgastado su herencia y decide regresar a casa. *"Y levantándose, vino a su padre.* ***Y cuando aún estaba lejos, lo vio su padre,*** *y fue movido a misericordia, y corrió, y se echó sobre su cuello, y le besó"*. Había solo una razón por la que el padre había visto regresar a su hijo cuando aún estaba lejos de la casa; no había dejado de comprobar el regreso de su hijo. Y cuando al final identifica la flaca figura penitente de su hijo agotado con su vista, se apresura a recibirle. *"Porque este mi hijo muerto era, y ha revivido; se había perdido, y es hallado"* (Lucas 15:24). Esto, revela la Escritura, es el corazón paternal de Dios, anhelando salvar a sus hijos perdidos. Y una medida de ese gran anhelo, mediante la presencia del Espíritu Santo, se hace nuestra también.

8. El bautismo en el Espíritu Santo glorifica a Jesucristo.

Para muchos miembros de iglesias, el señorío de Cristo es un tema complejo y a menudo nublado, y el lugar que ocupa en su religión no está claramente definido. Sienten incertidumbre y confusión acerca de Él. Hay una relación directa entre el bautismo en el Espíritu Santo y aceptar totalmente el señorío de Cristo. Sin duda, es necesario el Espíritu Santo para revelarnos toda la maravilla y gloria de Jesús, porque como Jesús mismo dijo: *"El* [el Espíritu Santo] *me glorificará; porque tomará de lo mío, y os lo hará saber"* (Juan 16:14). Sin el testimonio interno que viene con el bautismo en el Espíritu Santo, muchas personas en la iglesia consideran que Jesús es un maestro, amigo, guía, hermano mayor, ejemplo, líder o cualquier otro de toda una lista de títulos añadidos, los cuales, aunque denotan respeto, le dejan un peldaño por debajo de Dios. Pero bajo el tutelaje del Espíritu Santo, el cristiano bautizado en el Espíritu recibe una encandiladora conciencia del señorío de Jesús. Como los primeros cristianos, quedamos satisfechos ante el hecho de que es Dios encarnado. ¡Él es Rey de reyes y Señor de señores! Aceptamos, al pie de la letra, su propia afirmación: *"Toda potestad me es dada en el cielo y en la tierra"* (Mateo 28:18). Decimos

"¡Amén!" a la declaración de Pablo: *"Porque en él habita corporalmente toda la plenitud de la Deidad"* (Colosenses 2:9).

Ciertamente, yo amaba a Jesús antes de recibir el bautismo en el Espíritu Santo. Le había aceptado como mi Señor y Salvador antes. Sin embargo, Él era mi Señor con reservas porque le amaba con reservas. Pero después de ser bautizado en el Espíritu Santo, llegué a entender por qué Él había sido la pasión que consume en las vidas de los primeros cristianos, porque algo parecido a esa pasión comenzó a arder en mí. Ahora sé lo que quería decir Pablo en su gloriosa frase de abandono del yo por causa de Cristo: *"Pero cuantas cosas eran para mí ganancia, las he estimado como pérdida por amor de Cristo. Y ciertamente, aun estimo todas las cosas como pérdida por la excelencia del conocimiento de Cristo Jesús, mi Señor, por amor del cual lo he perdido todo, y lo tengo por basura, para ganar a Cristo"* (Filipenses 3:7–8).

9. El bautismo en el Espíritu Santo revela la profundidad del amor de Dios.

Aunque parece milagroso, con el bautismo en el Espíritu Santo comenzamos a entender que nuestro Padre celestial nos ama a todos y cada uno, indignos como somos, con el mismo amor abundante que otorgó a su Hijo unigénito. Jesús no solo se sostuvo con este amor, sino que oró para que también nos fuera revelado a nosotros.

> *Mas no ruego solamente por éstos, sino también por los que han de creer en mí por la palabra de ellos, para que todos sean uno... Yo en ellos, y tú en mí, para que sean perfectos en unidad, para que el mundo conozca que tú me enviaste, y que los has amado a ellos como también a mí me has amado.*
>
> (Juan 17:20–21, 23)

Todos sabemos que el profundo amor que existe entre un esposo y su esposa o padres e hijos crea un entorno que conduce a una vida feliz y llena de satisfacción. Y el amor de Dios por nosotros, infinitamente mayor que nuestro amor unos por otros, revelado y experimentado mediante el Espíritu Santo, tiene un potencial mucho mayor para transformar la vida. Cuando oramos en el Espíritu, se produce un sentimiento de asombro al ser tiernamente rodeados y sostenidos por su amor. A veces, esta unión espiritual, en momentos álgidos de adoración, se vuelve indescriptiblemente dichosa. Es como una probada del cielo.

Hace unos años, estábamos varios reunidos para una oración llena del Espíritu en casa de la Sra. Toler Tucker de Raleigh, Carolina del Norte, donde nos inundó la presencia de Jesús en la manera antes descrita. Durante esos momentos eufóricos, el Señor habló en profecía mediante una querida amiga, la hermana Mittie Watters. Dijo que el santo amor que estábamos experimentando no era sino una probada de lo que todos los cristianos experimentarían cuando regresara Jesús para reinar en gloria. En esos momentos, parecía que ocupábamos un lugar secreto, especial, en el regazo de Dios. Conocimos la "seguridad del amado".

Sin embargo, esto no es algo egoísta que solo unos pocos se pueden apropiar. Más bien, es la promesa de Dios para todo aquel que cree. Envueltos en su amor, sabemos lo que es estar seguros, o "salvos". Sabemos lo que es estar en paz con Dios. Jesús dijo: "*Mi paz os doy; yo no os la doy como el mundo la da*" (Juan 14:27).

Nada de los que ofrece este mundo puede compararse a ese amor. ¿Recuerda el viejo himno "Bendita seguridad, Jesús es mío"? Eso es, la *seguridad* de que somos los amados de Dios, eternamente seguros y a salvo. No hay palabras adecuadas para expresarlo. Los que han comenzado a experimentarlo saben a lo que me refiero; los que no, oro para que pronto lo descubran por ellos mismos.

PARTE II

Preguntas sobre hablar en lenguas

DIECIOCHO

¿Cuál es la evidencia del bautismo en el Espíritu Santo?

La única evidencia *bíblica* clara del bautismo en el Espíritu Santo es hablar en lenguas. Los primeros cristianos en ser bautizados en el Espíritu Santo fueron los 120 reunidos en el aposento alto en Pentecostés. La única evidencia de que los 120 recibieron el Espíritu Santo era que *"comenzaron a hablar en otras lenguas"* (Hechos 2:4). Todos los demás dones espirituales, como la sanidad y la profecía, aparecen en el Antiguo Testamento y en los Evangelios. Pero con la llegada del Espíritu Santo en Pentecostés, que significaba la presencia de Dios en las vidas de los discípulos en una nueva dimensión, Dios dio un nuevo don: el don de lenguas.

El libro de los Hechos narra cinco ocasiones distintas en las que se recibió al Espíritu Santo. En tres de estas ocasiones, hablar en lenguas se menciona específicamente como la señal visible que acompañaba la experiencia: en Pentecostés (véase Hechos 2:4), en la casa de Cornelio (véase Hechos 10:44–46), y en Éfeso (véase Hechos 19:6). Pablo recibió el Espíritu Santo cuando Ananías impuso manos sobre él y oró (véase Hechos 9:17), y aunque no se mencionan las lenguas en ese momento, sabemos que eran parte de la experiencia espiritual de Pablo según su propio testimonio: *"Doy gracias a Dios que hablo en lenguas más que todos vosotros"* (1 Corintios 14:18). La quinta ocasión fue el recibimiento del Espíritu Santo en Samaria (véase Hechos 8:14–17). Felipe había hecho convertidos allí, y los apóstoles en Jerusalén habían enviado a Pedro y a Juan para orar por el bautismo de ellos en el Espíritu Santo. Aunque no se identifican las lenguas directamente en el relato aquí, se produjeron algunas evidencias *visibles* que hicieron que Simón el mago quisiera comprar la capacidad de transmitir el Espíritu Santo de los apóstoles. Muchas autoridades bíblicas están de acuerdo en que lo que Simón vio debió de haber incluido hablar en lenguas.

Después, está la frase de Jesús en Marcos 16:17–18, donde se enumeran las lenguas entre las demás manifestaciones sobrenaturales que seguirían al ministerio de los creyentes.

> *Y estas señales seguirán a los que creen: En mi nombre echarán fuera demonios;* ***hablarán nuevas lenguas****; tomarán en las manos serpientes, y si bebieren cosa mortífera, no les hará daño; sobre los enfermos pondrán sus manos, y sanarán.*

Por lo tanto, según la Escritura, la evidencia identificadora o señal de recibir el bautismo en el Espíritu Santo es la de hablar en lenguas. Aunque es posible que haya, y frecuentemente se producen, otras manifestaciones espirituales que acompañan a la experiencia de recibir el Espíritu Santo, hablar en lenguas sigue siendo la principal evidencia *inicial*.

DIECINUEVE

¿Puedo recibir el bautismo en el Espíritu Santo sin hablar en lenguas?

Para Dios todo es posible" (Mateo 19:26); por lo tanto, la respuesta a esta pregunta es sí. Sin embargo, ¡es un sí altamente restringido! Personalmente conozco a dos personas que recibieron el bautismo en el Espíritu Santo y hablaron en inglés en vez de hacerlo en lenguas desconocidas. Ambos eran hombres excepcionalmente sensibles, proféticos, verdaderos gigantes espirituales de nuestro tiempo. Uno es el Dr. Frank Laubach, mediante el que el Espíritu Santo se manifestó sobrenaturalmente en inglés. El otro era Rufus Moseley, quien, unos meses después de su bautismo en el Espíritu Santo, comenzó a hablar en lenguas y siguió dando testimonio fielmente de su valor hasta su muerte. En un librito titulado "How to Enter, Abide, and Increase in Union with Jesus Christ" ["Cómo entrar, habitar y aumentar en unión con Jesucristo"], hace esta excelente declaración:

> Siento que no debemos ser dogmáticos y decir que nadie puede tener el bautismo en el Espíritu Santo a menos que hable en lenguas. Dios, por supuesto, puede hablar en inglés y en cualquier lengua de los hombres y de los ángeles. Pero ahora Él me parece un poco más real cuando habla en lenguas, especialmente si recibo el significado de lo que se ha dicho. Y cuando una persona ignorante habla en lenguas totalmente desconocidas para él o ella, es fácil ver que no es la persona quien está hablando.

> El Señor hará maravillas por nosotros aunque tengamos prejuicios contra las lenguas, si estamos dispuestos a ceder en otros puntos. Él usa bien todo lo que hay en nosotros que se ha rendido a Él mientras espera que se rinda todo lo que aún no se ha rendido. Él no nos rechaza por no haber rendido completamente todo, pero tengo la sospecha de que quienes hemos tenido prejuicios contra las lenguas daremos un giro y serán lo que más nos guste.

Por lo tanto, debemos admitir que el bautismo en el Espíritu Santo se puede recibir sin la manifestación de las lenguas, pero no animamos a nadie a buscar el bautismo sin esperar las lenguas. Tanto nuestro entendimiento de los dones espirituales como nuestra disposición a recibirlos afecta a qué dones y manifestaciones aparecerán. *Falta algo en su vida espiritual si ha recibido el Espíritu Santo y sin embargo aún no ha hablado en lenguas.* Los cristianos llenos del Espíritu que aún no han hablado en lenguas recibirán una seguridad añadida y preciosa de la presencia y el poder de Dios cuando lo hagan.

Cierto, hablar en lenguas es controvertido, pero si realmente estamos buscando todo lo que Dios quiere concedernos, debemos buscar las bendiciones de Dios según sus términos, y no los nuestros. Es mejor aferrarse al patrón bíblico que ser arrastrado por los prejuicios humanos. Todos los que hablan en lenguas tienen la autoridad de la Escritura detrás de su experiencia. Ellos no necesitan defender su bautismo en el Espíritu Santo diciendo: "Sí, he recibido el bautismo, *pero* no hablo en lenguas". Así pues, si usted me dice que ha recibido el Espíritu Santo sin hablar en lenguas, yo no pongo en duda su afirmación; pero si usted me confirma que habla en lenguas, me alegro porque su experiencia es totalmente coherente con la Escritura.

Animamos a todos los que buscan ser llenos del Espíritu Santo a *buscar el bautismo en términos bíblicos,* esperando totalmente hablar en lenguas cuando lo reciben.

Los que preguntan: "*¿Tengo que* hablar en lenguas?" dan la impresión de que se les está obligando a tragarse una desagradable dosis de medicina. ¡Su pregunta indica que creen que hablar en lenguas es algo que hay que soportar en vez de disfrutar! Hablar en lenguas es una bendita experiencia. Es un gozo y privilegio poder comunicarse con el Señor de esta manera nueva y emocionante. Alguien ha dicho correctamente: "Usted no *tiene que* hablar en lenguas; ¡*sucede*!". O como comentó el Dr. David du Plessis: "No tiene que, pero lo hará".

Cualquier persona que recibe el bautismo en el Espíritu Santo *puede,* desde el momento en que acepta al Espíritu Santo en su vida de esta forma nueva y poderosa, hablar en lenguas. El proceso físico se trata en otra parte de este libro. Pero tenga la certeza de que cualquiera lleno del Espíritu Santo *puede* hablar en lenguas.

A veces, alguien que recibe el bautismo puede rehusar, por timidez, por temor o por una falsa enseñanza, ceder su lengua y sus labios en el momento en que recibe el Espíritu, y así se ve privado de esta bendición durante días o incluso semanas. Pero una y otra vez, hemos oído el testimonio de estas personas diciendo que finalmente cedieron y recibieron las lenguas. Admiten que si no se hubieran resistido o retirado, habrían hablado en lenguas en el momento en que recibieron el bautismo en el Espíritu Santo.

VEINTE

¿Qué es "hablar en lenguas"?

Hablar u orar en lenguas es una forma de oración en la que el cristiano se entrega al Espíritu Santo y recibe del Espíritu un lenguaje sobrenatural con el que alabar a Dios. Es una manifestación milagrosa del poder de Dios, pero una que combina tanto elementos humanos como divinos que expresan una iniciativa tanto humana como divina. Es, sin duda alguna, un esfuerzo de cooperación entre el cristiano y el Espíritu Santo.

Muchas personas malentienden lo que ocurre cuando oyen a alguien orar o hablar en lenguas. Son aprensivos por lo que les pudiera pasar si "se dejan llevar de esa forma" o "dejan que otro poder les controle". Suponen que la persona es totalmente pasiva y que el Espíritu Santo está haciéndolo todo. Esta es una impresión errónea de lo que está ocurriendo. La persona misma está participando activamente en la experiencia. Como lo dijo alguien en cierta ocasión: "Sin el Espíritu Santo, usted no puede, pero sin usted, el Espíritu Santo no lo hará".

Dicho de forma sencilla, el hombre habla y el Espíritu Santo suministra las palabras. Hechos 2:4 dice: *"Y fueron todos llenos del Espíritu Santo, y comenzaron a hablar en otras lenguas, según el Espíritu les daba que hablasen"*. Una traducción libre podría decir: "Y comenzaron a hablar... según el Espíritu les daba palabras que hablasen".

Hablar en lenguas es una manera de orar que libera el espíritu en el interior y fortalece al cristiano de una forma maravillosa. El propósito principal de ello es usarlo en la propia vida devocional de cada uno. Usarlo de una manera pública conlleva unas detalladas restricciones. (Véase 1 Corintios 14:18–19, 27–28).

Se dará más información e instrucción en el capítulo 36.

VEINTIUNO

¿No indican los versículos "*¿Hablan todos lenguas?*" (1 Corintios 12:30) y "*Si habla alguno en lengua extraña, sea esto por dos, o a lo más tres...*" (1 Corintios 14:27) que no todos los cristianos tienen necesariamente que hablar en lenguas?

Ciertamente, esto lo han usado como un amplio argumento aquellos que se oponen a hablar en lenguas. De hecho, muchos usan la frase de Pablo, "*Sea esto por dos, o a lo más tres*", no para *limitar* las lenguas sino para *prohibirlas* por completo. Ambos versículos deben considerarse en cualquier discusión acerca de las lenguas, pero solo en conexión con la frase de Pablo en 1 Corintios 14:5: "*Así que, quisiera que todos vosotros hablaseis en lenguas*". ¿Cómo reconciliamos "*Sea esto por dos, o a lo más tres*" y "*Quisiera que* **todos** *vosotros hablaseis*"? ¿Se está contradiciendo Pablo? No.

La confusión queda aclarada cuando pensamos en los dos conjuntos de circunstancias en los que aparece hablar en lenguas en el Nuevo Testamento. Aparecen como *señal* y también como *don*. Aparecen como una *señal* o evidencia externa que acompaña al bautismo en el Espíritu Santo en Hechos 2:4; 10:45–46; 19:6 y Marcos 16:17. Aparecen como un *don* en las referencias de Pablo en 1 Corintios 12 y 14.

Ahora en Hechos, donde las lenguas aparecen como una *señal*, todos los que recibieron el bautismo en el Espíritu Santo hablaron en lenguas.

No hay ninguna restricción o limitación en la manifestación, ni tampoco hay ninguna sugerencia de que algunos recibieran las lenguas y otros no. Ni hay intento alguno de enseñar o instruir a los receptores en el "uso apropiado" de las lenguas. Hablar en lenguas les sucedía a todos, sirviendo como la *señal,* o evidencia, de la llegada del Espíritu Santo en poder sobre ellos. Creo que es seguro y correcto decir que no existe el mal uso de las lenguas cuando aparecen inicialmente en el momento en que alguien recibe el bautismo en el Espíritu Santo.

Pero en 1 Corintios 12 y 14, encontramos a Pablo discutiendo acerca de hablar en lenguas como un *don* entre otros dones, para usarlo en los servicios de la iglesia, solo como el Espíritu Santo dirige, para "*provecho*" (1 Corintios 12:7). Aquí, Pablo trata el asunto de hablar en lenguas no en términos de *recibir* sino en términos de *ejercer* la capacidad en un momento dado del servicio de adoración. Estaba explicando a los que habían recibido la *señal* de las lenguas cuando fueron bautizados en el Espíritu Santo, y que ahora podían manifestar esta capacidad para alabar a Dios en otros lenguajes, cómo, *en la iglesia,* cualquier manifestación de lenguas debería encajar en la misma categoría que las demás manifestaciones del Espíritu, como la profecía, la palabra de sabiduría, etc. Pablo dejó claro que, *en la iglesia,* si alguna persona se siente movida por el Espíritu Santo a manifestar lenguas, debería ir acompañado por el don de interpretación para que toda la asamblea congregada pueda beneficiarse de ello. (Véase 1 Corintios 14:27). No obstante, incluso aquí, Pablo aclara su afirmación añadiendo que la oración en lenguas *sin interpretación,* por ej., la señal de lenguas, también se podría ejercitar durante el servicio, pero solo *en silencio,* para no molestar o interrumpir el servicio público de adoración. (Véase 1 Corintios 14:28).

Ciertamente, con respecto a hablar en lenguas en voz alta, en la iglesia, con el don de interpretación a continuación, la pregunta de "¿Hablan todos en lenguas?", se debe responder con un enfático ¡no!

Sin embargo, cuando animamos a los que buscan el bautismo en el Espíritu Santo a buscarlo en términos de la evidencia bíblica inicial de hablar en lenguas, no suponemos que todos los que reciben las lenguas serán guiados por el Espíritu a manifestar el don en un servicio público de la iglesia. La experiencia indica que solo un pequeño porcentaje de los que manifestaron el hablar en lenguas cuando recibieron el bautismo en el Espíritu Santo usarán alguna vez la manifestación pública de las lenguas y la interpretación en la iglesia. Con diferencia, el uso más común de las lenguas es durante el tiempo en oración privado de cada uno.

Esencialmente, lo que hemos dicho aquí es: los relatos en el libro de los Hechos muestran cómo se recibe el bautismo en el Espíritu Santo con la manifestación de hablar en lenguas, mientras que gran parte de las enseñanzas de Pablo en 1 Corintios muestran que hablar en lenguas se debe usar adecuadamente y controlar en los servicios públicos de la iglesia.

VEINTIDÓS

¿Por qué debería yo hablar en lenguas?

La respuesta más obvia a esta pregunta es que las Escrituras nos animan a ello. Jesús dijo que era una de las señales que seguirían al ministerio de los cristianos: "*Y estas señales seguirán a los que creen… hablarán nuevas lenguas*" (Marcos 16:17). Y Pablo, aunque reconocía la necesidad de corrección en la manifestación pública de las lenguas, sin embargo animó a los cristianos a recibir y hacer uso de este importante don. "*Procurad los dones espirituales… Así que, quisiera que todos vosotros hablaseis en lenguas… Doy gracias a Dios que hablo en lenguas más que todos vosotros*" (1 Corintios 14:1, 5, 18). Como destacó el difunto Reverendo Samuel Shoemaker: "El cristiano necesita todo los dones que Dios ofrece".

La disposición a ceder nuestras lenguas a Dios también puede indicar una rendición más profunda que casi cualquier otro acto. La lengua es el principal instrumento de expresión de la personalidad humana, y hasta que Dios no tenga el dominio sobre la lengua, su control sobre nosotros es relativamente ligero.

> *Así también la lengua es un miembro pequeño, pero se jacta de grandes cosas. He aquí, ¡cuán grande bosque enciende un pequeño fuego! Y la lengua es un fuego, un mundo de maldad. La lengua está puesta entre nuestros miembros, y contamina todo el cuerpo, e inflama la rueda de la creación, y ella misma es inflamada por el infierno. Porque toda naturaleza de bestias, y de aves, y de serpientes, y de seres del mar, se doma y ha sido domada por la naturaleza humana; pero ningún hombre puede domar la lengua, que es un mal*

> *que no puede ser refrenado, llena de veneno mortal.*
>
> (Santiago 3:5–8)

Además, la experiencia demuestra que la oración en lenguas, a la que la Escritura también se refiere como "orar en el Espíritu" (véase 1 Corintios 14:14–15; Efesios 6:18), nos capacita para orar con una capacidad y autoridad que no es nuestra. No siempre sabemos cómo orar en cada situación, pero al entregar la necesidad al Padre, oramos en lenguas, sabiendo que nuestras oraciones son guiadas por el Espíritu Santo.

> *Pues no habéis recibido el espíritu de esclavitud para estar otra vez en temor, sino que habéis recibido el espíritu de adopción, por el cual clamamos: ¡Abba, Padre! El Espíritu mismo da testimonio a nuestro espíritu, de que somos hijos de Dios… Y de igual manera el Espíritu nos ayuda en nuestra debilidad; pues qué hemos de pedir como conviene, no lo sabemos, pero el Espíritu mismo intercede por nosotros con gemidos indecibles. Mas el que escudriña los corazones sabe cuál es la intención del Espíritu, porque conforme a la voluntad de Dios intercede por los santos.*
>
> (Romanos 8:15–16, 26–27)

¿Por qué hablar en lenguas? Porque le otorga al cristiano una libertad en oración que le permite alabar a Dios con extravagancia, más allá de los limitados confines de la lengua conocida. Nuestro Señor solo tiene elogios para aquellos que le han adorado con extravagancia, o le han servido o han confiado en Él con extravagancia: la viuda pobre que dio a Dios todo el dinero que tenía (véase Lucas 21:1–4), el centurión romano y su tremenda fe en el poder sanador de Jesús (véase Mateo 8:5–13), y María, que fue extravagante en su devoción al ungirle con el costoso perfume (véase Juan 12:3). Sin embargo, muchos de nosotros somos tan tacaños y esqueléticos en nuestra relación con Dios que cualquier libertad real en oración o adoración está fuera de nuestro alcance. Tal libertad puede llegar a través de la oración en lenguas.

También puede ayudar el hecho de saber que hay razones bíblicas rotundas para hablar en lenguas. El Dr. Henry Ness, en su librito "El Bautismo en el Espíritu Santo", enumera veinte razones bíblicas para hablar en lenguas.

1. Hablar en lenguas cuando el Espíritu Santo nos hace hablar es el único don espiritual identificado con la iglesia de Jesucristo. Antes del día de Pentecostés, todos los demás dones, milagros y manifestaciones espirituales se habían evidenciado durante los tiempos del Antiguo Testamento. El día de Pentecostés, este nuevo fenómeno entró en evidencia y se convirtió en algo exclusivamente identificado con la iglesia. (Véase Hechos 2:4; 1 Corintios 12, 14).
2. Hablar en lenguas fue ordenado por Dios para la iglesia. (Véase 1 Corintios 12:28; 14:21).
3. Hablar en lenguas es un cumplimiento específico de la profecía. (Véase Isaías 28:11; Joel 2:28–29; Hechos 2:16–18; 1 Corintios 14:21).
4. Hablar en lenguas es una señal *del* creyente. (Véase Marcos 16:17; Juan 7:38–39).
5. Hablar en lenguas es una señal *para* el incrédulo. (Véase 1 Corintios 14:22).
6. Hablar en lenguas es una prueba de la resurrección y glorificación de Jesucristo. (Véase Juan 16:7; Hechos 2:22–24, 32–33).
7. Hablar en lenguas es una evidencia del bautismo en el Espíritu Santo. (Véase Hechos 2:4; 10:45–46; 19:6).

8. Hablar en lenguas es un medio para predicar a hombres de otros idiomas. (Véase Hechos 2:6–11).
9. Hablar en lenguas es un don espiritual para la edificación propia. (Véase 1 Corintios 14:4).
10. Hablar en lenguas es un don espiritual para la edificación espiritual de la iglesia. (Véase 1 Corintios 14:5).
11. Hablar en lenguas es un don espiritual para comunicarse con Dios en adoración privada. (Véase 1 Corintios 14:2).
12. Hablar en lenguas es un medio mediante el cual el Espíritu Santo intercede a través de nosotros en oración. (Véase Romanos 8:26; 1 Corintios 14:14).
13. Hablar en lenguas es un don espiritual para "cantar en el Espíritu". (Véase Efesios 5:18–19; 1 Corintios 14:15).
14. El apóstol Pablo estaba agradecido a Dios por el privilegio de hablar en lenguas. (Véase 1 Corintios 14:18).
15. El apóstol Pablo deseaba que todos hablaran en lenguas. (Véase 1 Corintios 14:5).
16. Hablar en lenguas es uno de los dones del Espíritu. (Véase 1 Corintios 12:10).
17. El apóstol Pablo ordenó que no se debía prohibir hablar en lenguas. (Véase 1 Corintios 14:39).
18. Isaías se refiere proféticamente a hablar en lenguas como un "descanso". (Véase Isaías 28:12; 1 Corintios 14:21).
19. Isaías se refiere proféticamente a hablar en lenguas como un "refrigerio". (Véase Isaías 28:12; 1 Corintios 14:21).
20. Hablar en lenguas actúa como una confirmación de la Palabra de Dios cuando es predicada. (Véase Marcos 16:17, 20).

VEINTITRÉS

Algunos dicen que hablar en lenguas es solo un galimatías resultante de una emotividad excesiva. ¿No es peligroso enredarse en algo como eso?

No, no a menos que usted busque deliberadamente un lugar donde se promuevan tales cosas. Es cierto que algunas personas e iglesias muestran más emoción en su adoración que otras. Algunos gritan y lloran. Pero estas muestras nos molestan principalmente por su contraste con la forma callada con la que adoramos. Esto no significa que el ruido esté mal y el silencio esté bien; simplemente significa que sus formas son distintas a las nuestras. Quizá pensemos que su adoración es ruidosa e indecorosa a la vez que ellos piensan que nuestra adoración está muerta y es sosa. La historia de la iglesia muestra que todos los grandes avivamientos han estado marcados por la presencia de fenómenos físicos como temblar, llorar, gritar, desmayarse e incluso danzar. No son necesariamente obra del Espíritu Santo tanto como reacciones humanas a la obra del Espíritu Santo.

No obstante, deberíamos reconocer que el bautismo en el Espíritu Santo a menudo trae consigo tal poder transformador que el receptor puede que de repente se vea inundado. Quizá alabe a Dios en voz alta; quizá levante sus manos en un acto de adoración involuntario; o quizá caiga de rodillas en humilde agradecimiento. Cuando el Espíritu Santo descendió en Pentecostés, los discípulos no se mostraron reservados. De hecho, se comportaron de una manera tan inusual, que cuando Pedro se levantó para predicar, comenzó su sermón con una defensa de su conducta, asegurando a la multitud que no estaban borrachos.

Algunos pensamos que *cualquier* emoción en la religión es demasiado. Adoramos a Dios de modo muy parecido a como le servimos: con grandes reservas. Equiparamos la reverencia con el silencio y reservamos nuestro entusiasmo (una palabra que significa "en Dios") y nuestros gritos para los partidos de fútbol y los mítines políticos. Simplemente no hemos considerado que el cristianismo merezca que nos emocionemos. Pero el bautismo en el Espíritu Santo es una experiencia emocionante. Un joven ministro estaba tan lleno de gozo cuando recibió el bautismo en el Espíritu Santo, que sus amigos conservadores sugirieron que se le debía "apartar por una temporada".

"No hay problema", contestó él. "Prefiero que me encierren con lo que tengo, que estar suelto con lo que tenía". Sin embargo, para la mayoría, la experiencia contiene un tranquilo gozo. Puede que haya una profunda emoción cuando oramos en lenguas, pero nunca la pérdida del control. Este tipo de oración, como cualquier otra, está completamente sujeta al control de la oración.

Algunas traducciones modernas del Nuevo Testamento llaman al hablar en lenguas "discurso exultante", lo cual es una traducción poco afortunada e imprecisa. En su librito "Speaking in Tongues: A Gift for the Body of Christ" ["Hablar en lenguas: Un don para el cuerpo de Cristo"], el Reverendo Larry Christenson deja esto muy claro.

> Los términos "discurso exultante" o "lenguas de euforia" nunca se usan en la Biblia como referencia a alguien que habla en lenguas. A quienes oyen a alguien que habla en lenguas a veces se les describe como "exultantes" o "asombrados" (*existanto* en Hechos 2:7; *exestesan* en Hechos 10:45) pero al que realiza la acción de hablar nunca se le describe así. Estos términos erróneos se producen frecuentemente en comentarios e incluso en versiones de la Biblia, pero no hay base para ello en el texto

mismo de la Biblia. Esto parece ser una suposición de los comentaristas, que quizá no habían tenido la experiencia y están, por lo tanto, en desventaja a la hora de describir los aspectos subjetivos.

No hay nada en la naturaleza de hablar en lenguas que sea, per se, "exultante". Es, como la Biblia lo dice de forma tan precisa, simplemente "hablar". Tiene el mismo potencial emocional (y la misma posibilidad de autocontrol) que hablar y orar en la lengua nativa de cada uno. Los términos "discurso exultante" y "lenguas de euforia" deberían dejar de usarse al hacer referencia a hablar en lenguas. Deberíamos usar los términos que la Biblia usa: "hablar en lenguas" u "orar en el espíritu".

La idea de que alguien tiene que estar "exultante", o entrar en trance, o "perder el control" para recibir el Espíritu Santo o manifestar sus dones simplemente no es cierta. Aunque los excesos emocionales se puedan permitir en ciertos grupos extraoficiales, el hecho es que la mayoría de las personas que reciben el bautismo en el Espíritu Santo hoy día lo reciben entre personas que adoran en iglesias similares a la suya, y cuyos trasfondos religiosos son compatibles con los suyos. Dios no nos pide que seamos otro tipo de persona distinto al que somos para ser llenos de su Espíritu.

Casi sin excepción, este tipo de pregunta viene de personas que no han tenido la experiencia. Es algo natural que defiendan su posición reuniendo todas las objeciones que puedan. La mayoría de las personas que han recibido el Espíritu Santo con la señal de hablar en lenguas, antes tenían también estas mismas ideas. A mí me ocurrió. Pero una vez que usted recibe el bautismo en el Espíritu Santo, cuando usted mismo habla en lenguas entiende lo infundados que están esos temores y objeciones.

VEINTICUATRO

¿Son las lenguas que se hablan hoy día alguna vez en idiomas conocidos como ocurrió en Pentecostés?

Sí, pero dejemos claro que esta no es una prueba válida de la autenticidad de la experiencia. Cierto, en Pentecostés las lenguas las oían y entendían hombres de varias nacionalidades. (Véase Hechos 2:7–11). Sin embargo, cuando el Espíritu Santo cayó sobre la casa de Cornelio (véase Hechos 10:44–46) y todos comenzaron a hablar en lenguas, no hay indicación alguna de que nadie entendiera los lenguajes. Además, Pedro observó: "*... Estos que han recibido el Espíritu Santo también como nosotros*" (Hechos 10:47). Después, cuando informó del incidente a los líderes de la iglesia en Jerusalén, dijo:

> *Y cuando comencé a hablar, cayó el Espíritu Santo sobre ellos también, como sobre nosotros al principio. Entonces me acordé de lo dicho por el Señor, cuando dijo: Juan ciertamente bautizó en agua, mas vosotros seréis bautizados con el Espíritu Santo. Si Dios, pues, les concedió también el mismo don que a nosotros que hemos creído en el Señor Jesucristo, ¿quién era yo que pudiese estorbar a Dios?*
>
> (Hechos 11:15–17)

Aunque no sabemos si los lenguajes que se hablaron en esta ocasión eran reconocibles como lo habían sido en Pentecostés, está claro que Pedro no juzgó la autenticidad de la experiencia por esto, sino por las lenguas mismas. Recuerde: Pedro y los demás que estaban en Pentecostés no habían entendido los lenguajes que estaban hablando. Fue la multitud que se reunió fuera la que oyó "*hablar en nuestras lenguas las maravillas de Dios*" (Hechos 2:11).

Por lo tanto, la validez de hablar en lenguas no depende de que las lenguas sean en un lenguaje conocido o no. Sin duda, un argumento que Pablo usó en 1 Corintios 14 para animar a los cristianos a buscar los dones de interpretación y profecía fue que las lenguas son ininteligibles a menos que haya interpretación, y que en el servicio de adoración de una iglesia, la profecía es más beneficiosa que hablar en lenguas. *"Porque el que habla en lenguas no habla a los hombres, sino a Dios; pues nadie le entiende, aunque por el Espíritu habla misterios"* (1 Corintios 14:2).

Aunque el uso principal de las lenguas es para oración y alabanza, el Señor lo usa, a veces, como medio de comunicación con los hombres, o al menos para convencer al hombre de la naturaleza sobrenatural de la experiencia, permitiendo que los creyentes que hablan naturalmente solo un lenguaje le alaben libremente en otro. Eso es lo que ocurrió en Pentecostés.

El derramamiento de lenguas no se inició como una conversación múltiple entre los discípulos y los extranjeros que se habían reunido, ni tampoco fue un intento deliberado por parte de los discípulos para predicar. Estaban alabando a Dios en lenguajes que el Espíritu Santo había dado, pero desconocidos para ellos. Que los judíos que hablaban otras lenguas oyeran y entendieran las alabanzas en su propio idioma fue, para los discípulos, simplemente una consecuencia milagrosa de su experiencia. Aunque Pedro estaba entre los que alababan a Dios en otras lenguas, cuando se puso de pie para predicar a la multitud reunida, habló en su propia lengua natal.

Sin embargo, hay casos frecuentes hoy día en los que las lenguas habladas por un creyente lleno del Espíritu son en un lenguaje desconocido para él pero reconocible para el que oye. Tales incidentes sirven para demostrar la naturaleza sobrenatural de la experiencia.

Un estudiante de India en Washington, D.C., compartió conmigo esta interesante historia. Un pastor que se oponía a la obra de misioneros pentecostales en India escribió un panfleto denunciando la experiencia de hablar en lenguas. En él, citaba una sola frase que había oído como "galimatías sin sentido". Los discípulos del escritor tomaron copias del panfleto para distribuirlo en varios pueblos donde estaban trabajando los misioneros pentecostales. Cuando estaban en el centro de un pueblo en particular, uno de los que repartían los panfletos comenzó a denunciar la experiencia pentecostal. Leyó en voz alta el ejemplo de "galimatías" incluido en el panfleto, y vio cómo un lugareño se abrió paso emocionado entre la multitud y le pidió que repitiera la frase. Un examen demostró que el "galimatías" era verdaderamente una cita de las Escrituras, hablada en el peculiar dialecto de ese hombre, que vivía a muchos kilómetros de distancia. La frase que se gritaba como burla era "Ustedes han sido comprados", una referencia a 1 Corintios 6:20.

Estando aún en el seminario, escuché la historia de un pastor americano que oraba en lenguas, las cuales unos adoradores que estaban de visita reconocieron como su propio idioma: chino. Pero aunque el ministro estaba usando sílabas chinas, las unía de maneras con una belleza y originalidad únicas, formando frases complejas para alabar a Dios, que los cristianos chinos mismos nunca habían pensado en poder usar de ese modo.

El pastor episcopaliano Dennis Bennett tiene un hombre en su iglesia en Seattle, Washington, cuyo lenguaje de oración ha sido identificado como el chino mandarín. El Padre Bennett describió, en el boletín informativo de su parroquia el 12 de abril de 1967, un ejemplo impactante de cómo las lenguas eran en un lenguaje conocido. Escribe:

> Un pastor en Oregón me cuenta de una joven japonesa casada con un joven americano en su congregación. La chica japonesa nunca había aceptado a Cristo, pero llegó

al altar de la iglesia con su esposo: él para adorar a Dios, ¡y ella para orar a Buda! Hace poco, mi amigo me dice, cuando la pareja se arrodilló en el altar de su iglesia, una mujer que estaba junto a ellos comenzó a hablar en lenguas. La chica japonesa apretó el brazo de su esposo. "Escucha", dijo. La mujer que estaba junto a ellos estaba hablando japonés, y a través de ella, Dios dijo: "Has probado a Buda y no te ha ayudado; ¿por qué no pruebas a Jesucristo?". Dios se dirigió a esta chica japonesa por su nombre completo, el cual nadie conocía en este país, y ciertamente tampoco la mujer que estaba hablando, que no tenía idea alguna de cómo estaba siendo usada. No solo eso, sino que la chica japonesa le dijo a mi amigo pastor: "Estaba hablando un japonés sublime, el lenguaje formal que solo usamos en nuestros templos y lugares similares".

Muchas, muchas otras ilustraciones de naturaleza similar se podrían incluir aquí, pero estas deberían ser suficientes para que podamos ver que sí, hablar en lenguas en la actualidad puede hacerse en un lenguaje conocido. Pero de nuevo, enfaticemos que este hecho no verifica en manera alguna la autenticidad de hablar en lenguas. Sigue siendo un don milagroso del Espíritu Santo, incluso en la mayoría de los casos donde ninguno de los presentes puede identificar el lenguaje.

VEINTICINCO

¿Es incontrolable el deseo de hablar en lenguas?

Esta pregunta presupone un temor similar al que se expresa en el capítulo 23, y una parte de la respuesta se ha de encontrar ahí. Por lo tanto, vuelva a leer la respuesta a esa pregunta. Mediante una enseñanza errónea, muchas personas han sido incitadas a creer que el Espíritu Santo "hace que las personas hagan cosas que no quieren hacer". Parecen suponer que la voluntad y la personalidad humanas se hacen totalmente a un lado, o que quedan desprovistas de poder en manos del Espíritu Santo, y se sorprenden mucho al conocer lo gentil que es el Espíritu Santo en sus tratos con nosotros.

Hablar en lenguas es un método de oración y alabanza, y el que ora está tan en control de su lengua como cuando está hablando en su idioma natal, es decir, habla o se detiene a su antojo y decide si habla o no y cuándo lo hace. La Escritura lo hace obvio, ya que Pablo da a los cristianos corintios instrucciones claras de cuándo y dónde hablar en lenguas, consejo que no tendría utilidad a menos que la persona misma estuviera en control.

> *Si habla alguno en lengua extraña, sea esto por dos, o a lo más tres, y por turno; y uno interprete. Y si no hay intérprete, calle en la iglesia, y hable para sí mismo y para Dios.*
> (1 Corintios 14:27–28)

Estos versículos dejan claro que la persona decide si hablar o no, y si decide hablar en lenguas, si lo hará en voz alta o solo para sí mismo.

Por lo tanto, vemos que el deseo de hablar en lenguas *nunca* es incontrolable.

VEINTISÉIS

¿Podemos saber lo que estamos diciendo cuando hablamos en lenguas?

No, no a menos que recibamos la interpretación por el Espíritu Santo. Las *"otras lenguas"* (Hechos 2:2), que hablaron los 120 en Pentecostés, eran desconocidas para ellos pero reconocibles para los perplejos oyentes que, según la Escritura, eran judíos devotos de *"todas las naciones bajo el cielo"* (Hechos 2:5).

> *Y estaban atónitos y maravillados, diciendo: Mirad, ¿no son galileos todos estos que hablan? ¿Cómo, pues, les oímos nosotros hablar cada uno en nuestra lengua en la que hemos nacido?... Les oímos hablar en nuestras lenguas las maravillas de Dios.* (Hechos 2:7–8, 11)

Por lo tanto, no solo los 120 no conocían los lenguajes con los que estaban alabando a Dios, sino que los atónitos oyentes *sabían* que ellos no sabían lo que estaban diciendo. Para ellos, esto era una prueba de la naturaleza milagrosa de la experiencia.

Cuando estamos adorando a Dios en el Espíritu u orando en lenguas en nuestros devocionales privados, por lo general no es necesaria la interpretación. Esta forma de oración no se ejerce para beneficio del intelecto. Pablo dijo: *"Porque si yo oro en lengua desconocida, mi espíritu ora, pero mi entendimiento queda sin fruto"* (1 Corintios 14:14). El Espíritu Santo conoce el contenido de nuestra oración porque Él la inspira; no es necesario que nosotros lo entendamos. Es suficiente con saber que Él sí lo entiende.

> *Y de igual manera el Espíritu nos ayuda en nuestra debilidad; pues qué hemos de pedir como conviene, no lo sabemos,*

pero el Espíritu mismo intercede por nosotros con gemidos indecibles. Mas el que escudriña los corazones sabe cuál es la intención del Espíritu, porque conforme a la voluntad de Dios intercede por los santos. (Romanos 8:26–27)

VEINTISIETE

¿Por qué no se ha mencionado el don de lenguas en los grandes avivamientos del pasado?

El don de lenguas ha sido prominente en algunos grandes avivamientos del pasado, apenas mencionado en algunos e ignorado o menospreciado en otros. En el gran derramamiento pentecostal que comenzó en la primera década del siglo XX, hablar en lenguas era el tema más comentado y controvertido del avivamiento. Este avivamiento, que se encendió en la famosa misión de la calle Azusa en Los Ángeles en 1906, dio a luz a un número de fuertes denominaciones pentecostales que existen en nuestro país hoy día.

Pero hay una verdad espiritual real en la frase: "Lo que recibimos de Dios está determinado por lo que esperamos de Él". En muchos de los anteriores avivamientos, aunque se produjeron grandes manifestaciones del poder de Dios, pocos esperaban que hablar en lenguas apareciese, y pocos lo vieron. Aun así, hay relatos de los avivamientos de John Wesley, Dwight Moody, Charles Finney y otros que toman nota de hablar en lenguas, aunque nunca ocuparon una parte destacada.

La *Enciclopedia Británica* dice que hablar en lenguas se ha repetido en avivamientos cristianos de cada era. También hay evidencia en los informes de algunos avivamientos de que cuando apareció el hecho de hablar en lenguas, se tachó de emocionalismo, aunque gritar, reír, llorar, danzar y temblar o incluso rodar por el suelo se consideraban señales "genuinas" de la obra del Espíritu Santo. También parece claro que hablar en lenguas era evidente en otros avivamientos donde se oía acerca de cantar y reírse en el Espíritu, pero que el hablar en lenguas simplemente pasó inadvertido.

PARTE III

Preguntas sobre recibir el bautismo en el Espíritu Santo

VEINTIOCHO

Si recibo el bautismo en el Espíritu Santo, ¿me alejará de mi propia iglesia?

No, no a menos que usted lo permita. Hace veinte años, o incluso diez, las probabilidades habrían sido mucho mayores de que usted se hubiera visto forzado a cambiarse de iglesia. Con el cambio de siglo, cuando el bautismo en el Espíritu Santo comenzó a estallar en la iglesia, muchas personas que lo recibían se veían excluidas de sus propias congregaciones. Este hecho llevó al establecimiento de muchas de las actuales denominaciones pentecostales. Hoy día, sin embargo, es ampliamente reconocido que Pentecostés no es una denominación, sino una experiencia; una experiencia del poder de Dios que personas de todas las denominaciones están recibiendo.

El clima espiritual en la iglesia ha cambiado mucho en los últimos años, con congregaciones individuales, incluso denominaciones enteras, cambiando de opinión rápidamente en cuanto a la cuestión del bautismo en el Espíritu Santo. Hoy día, la actitud general de la mayoría de las denominaciones es de mucha más apertura. Raras veces se siente uno forzado a salir de su denominación o su iglesia local.

No obstante, es cierto que el exceso de celo o de entusiasmo al querer compartir su experiencia puede tender a alienarle de algunos de sus amigos de la iglesia. Si quiere ser un testigo fiel de lo que Dios está haciendo en su vida, parece inevitable cierto grado de este distanciamiento. Pero un testimonio suave, lleno de amor, más un esfuerzo determinado a evitar toda evidencia de orgullo espiritual, suele tener poca oposición. Y el gozo que produce esta preciosa relación con Jesús excede con mucho a cualquier crítica que pudiera encontrar en su camino.

Para más comentarios sobre este asunto, acuda al capítulo 37.

VEINTINUEVE

¿Dónde encuentro el bautismo en el Espíritu Santo en las Escrituras?

Así como la venida de Jesús fue anunciada por los profetas del Antiguo Testamento cientos de años antes de su nacimiento, así el bautismo en el Espíritu Santo también fue profetizado mucho antes de Pentecostés.

En Isaías 28:11 oímos decir al profeta: *"Porque en lengua de tartamudos, y en extraña lengua hablará a este pueblo"*. Siglos después, cuando Pablo escribe bajo la unción del Espíritu Santo a los corintios, aplica este versículo al hablar en lenguas. (Véase 1 Corintios 14:21–22).

De nuevo, el profeta Isaías anticipa la llegada de la era de Pentecostés con su bautismo en el Espíritu Santo cuando profetiza:

> *Porque yo derramaré aguas sobre el sequedal, y ríos sobre la tierra árida; mi Espíritu derramaré sobre tu generación, y mi bendición sobre tus renuevos.* (Isaías 44:3)

Después el profeta Joel proclama:

> *Y después de esto derramaré mi Espíritu sobre toda carne, y profetizarán vuestros hijos y vuestras hijas; vuestros ancianos soñarán sueños, y vuestros jóvenes verán visiones. Y también sobre los siervos y sobre las siervas derramaré mi Espíritu en aquellos días.* (Joel 2:28–29)

Recordará que el día de Pentecostés, Pedro se dirigió a las multitudes, afirmando que el fenómeno que habían contemplado (los discípulos alabando a Dios en otras lenguas) era el cumplimiento de la profecía de Joel. (Véase Hechos 2:14–18).

Ahora bien, estas eran todas ellas profecías del Antiguo Testamento, declaradas cientos de años antes del ministerio de Jesús en la tierra o la llegada de Pentecostés. Pero con el comienzo del ministerio terrenal de Jesús, encontramos profecías adicionales del prometido bautismo en el Espíritu Santo. Comienzan con Juan el Bautista:

> *Respondió Juan, diciendo a todos: Yo a la verdad os bautizo en agua; pero viene uno más poderoso que yo, de quien no soy digno de desatar la correa de su calzado; él os bautizará en Espíritu Santo y fuego.* (Lucas 3:16)

> *Y yo no le conocía; pero el que me envió a bautizar con agua, aquél me dijo: Sobre quien veas descender el Espíritu y que permanece sobre él, ése es el que bautiza con el Espíritu Santo.* (Juan 1:33)

Después, están las palabras de Jesús mismo:

> *Si alguno tiene sed, venga a mí y beba. El que cree en mí, como dice la Escritura, de su interior correrán ríos de agua viva. Esto dijo del Espíritu que habían de recibir los que creyesen en él; pues aún no había venido el Espíritu Santo, porque Jesús no había sido aún glorificado.*
> (Juan 7:37–39)

> *¿Qué padre de vosotros, si su hijo le pide pan, le dará una piedra? ¿o si pescado, en lugar de pescado, le dará una serpiente? ¿O si le pide un huevo, le dará un escorpión? Pues si vosotros, siendo malos, sabéis dar buenas dádivas a vuestros*

> *hijos, ¿cuánto más vuestro Padre celestial dará el Espíritu Santo a los que se lo pidan?* (Lucas 11:11–13)

Cuando el ministerio terrenal de Jesús se acercaba a su fin y se reunió con los discípulos por última vez en el aposento alto, sus instrucciones fueron generosamente adornadas con promesas de la llegada del Espíritu Santo.

> *Y yo rogaré al Padre, y os dará otro Consolador, para que esté con vosotros para siempre: el Espíritu de verdad, al cual el mundo no puede recibir, porque no le ve, ni le conoce; pero vosotros le conocéis, porque mora con vosotros, y estará en vosotros.* (Juan 14:16–17)

> *Os he dicho estas cosas estando con vosotros. Mas el Consolador, el Espíritu Santo, a quien el Padre enviará en mi nombre, él os enseñará todas las cosas, y os recordará todo lo que yo os he dicho.* (Juan 14:25–26)

> *Pero cuando venga el Consolador, a quien yo os enviaré del Padre, el Espíritu de verdad, el cual procede del Padre, él dará testimonio acerca de mí.* (Juan 15:26)

> *Pero yo os digo la verdad: Os conviene que yo me vaya; porque si no me fuera, el Consolador no vendría a vosotros; mas si me fuere, os lo enviaré. Y cuando él venga, convencerá al mundo de pecado, de justicia y de juicio.*
> (Juan 16:7–8)

> *Aún tengo muchas cosas que deciros, pero ahora no las podéis sobrellevar. Pero cuando venga el Espíritu de verdad, él os guiará a toda la verdad; porque no hablará por su propia cuenta, sino que hablará todo lo que oyere, y os hará*

> *saber las cosas que habrán de venir. El me glorificará; porque tomará de lo mío, y os lo hará saber.* (Juan 16:12–14)

Después, tras la muerte y resurrección de Jesús y antes de su ascensión, Él reafirma repetidas veces a sus discípulos la llegada del Espíritu Santo con poder, como había prometido:

> *He aquí, yo enviaré la promesa de mi Padre sobre vosotros; pero quedaos vosotros en la ciudad de Jerusalén, hasta que seáis investidos de poder desde lo alto.* (Lucas 24:49)

> *Y estando juntos, les mandó que no se fueran de Jerusalén, sino que esperasen la promesa del Padre, la cual, les dijo, oísteis de mí. Porque Juan ciertamente bautizó con agua, mas vosotros seréis bautizados con el Espíritu Santo dentro de no muchos días. Entonces los que se habían reunido le preguntaron, diciendo: Señor, ¿restaurarás el reino a Israel en este tiempo? Y les dijo: No os toca a vosotros saber los tiempos o las sazones, que el Padre puso en su sola potestad; pero recibiréis poder, cuando haya venido sobre vosotros el Espíritu Santo, y me seréis testigos en Jerusalén, en toda Judea, en Samaria, y hasta lo último de la tierra.* (Hechos 1:4–8)

> *Y estas señales seguirán a los que creen: En mi nombre echarán fuera demonios; hablarán nuevas lenguas… sobre los enfermos pondrán sus manos, y sanarán.*
>
> (Marcos 16:17)

Es importante destacar que las últimas declaraciones que hizo Jesús a sus discípulos antes de su ascensión al Padre fueron acerca del poder que recibirían del bautismo en el Espíritu Santo (véase Hechos 1:8) y las señales milagrosas que seguirían a su ministerio (véase Marcos 16:17).

En obediencia al mandamiento de su Señor, los discípulos regresaron a Jerusalén, comenzaron su vigilia en el aposento alto, y esperaron y oraron con expectación hasta el día de Pentecostés. Entonces, ocurrió.

> *Cuando llegó el día de Pentecostés, estaban todos unánimes juntos. Y de repente vino del cielo un estruendo como de un viento recio que soplaba, el cual llenó toda la casa donde estaban sentados; y se les aparecieron lenguas repartidas, como de fuego, asentándose sobre cada uno de ellos. Y fueron todos llenos del Espíritu Santo, y comenzaron a hablar en otras lenguas, según el Espíritu les daba que hablasen.*
>
> (Hechos 2:1–4)

Jesús había cumplido su palabra y les había enviado "la promesa del Padre", y los discípulos recibieron el bautismo en el Espíritu Santo con gozo.

En este momento de la historia, el bautismo en el Espíritu Santo quedó a disposición de todo creyente. "*Arrepentíos, y bautícese cada uno de vosotros en el nombre de Jesucristo para perdón de los pecados; y recibiréis el don del Espíritu Santo*" (Hechos 2:38). ¡La era del Espíritu Santo había comenzado! Asumimos que Dios no cometió errores y que no ha cambiado de opinión acerca de lo que hizo. Lo hizo bien cuando lo hizo la primera vez. Los discípulos recibieron el Espíritu Santo, y la evidencia que recibieron fue que hablaron en otras lenguas. Pentecostés nos da un patrón histórico a seguir. Sabemos que hemos recibido el bautismo en el Espíritu Santo cuando nuestra experiencia se empareja con la de los 120 en Pentecostés.

Todos los versículos citados hasta aquí apuntan hacia el evento en Hechos 2:4. Pero también hay versículos que narran el bautismo en el Espíritu Santo *después* de Pentecostés.

Cuando los apóstoles que estaban en Jerusalén oyeron que Samaria había recibido la palabra de Dios, enviaron allá a Pedro y a Juan; los cuales, habiendo venido, oraron por ellos para que recibiesen el Espíritu Santo; porque aún no había descendido sobre ninguno de ellos, sino que solamente habían sido bautizados en el nombre de Jesús. Entonces les imponían las manos, y recibían el Espíritu Santo.

(Hechos 8:14–17)

Fue entonces Ananías y entró en la casa, y poniendo sobre él las manos, dijo: Hermano Saulo, el Señor Jesús, que se te apareció en el camino por donde venías, me ha enviado para que recibas la vista y seas lleno del Espíritu Santo.

(Hechos 9:17)

Mientras aún hablaba Pedro estas palabras, el Espíritu Santo cayó sobre todos los que oían el discurso. Y los fieles de la circuncisión que habían venido con Pedro se quedaron atónitos de que también sobre los gentiles se derramase el don del Espíritu Santo. Porque los oían que hablaban en lenguas, y que magnificaban a Dios.

(Hechos 10:44–46)

Aconteció que entre tanto que Apolos estaba en Corinto, Pablo, después de recorrer las regiones superiores, vino a Éfeso, y hallando a ciertos discípulos, les dijo: ¿Recibisteis el Espíritu Santo cuando creísteis? Y ellos le dijeron: Ni siquiera hemos oído si hay Espíritu Santo. Entonces dijo: ¿En qué, pues, fuisteis bautizados? Ellos dijeron: En el bautismo de Juan. Dijo Pablo: Juan bautizó con bautismo de arrepentimiento, diciendo al pueblo que creyesen en aquel que vendría después de él, esto es, en Jesús el Cristo. Cuando oyeron esto, fueron bautizados en el nombre del Señor Jesús.

> *Y habiéndoles impuesto Pablo las manos, vino sobre ellos el Espíritu Santo; y hablaban en lenguas, y profetizaban.*
> (Hechos 19:1–6)

Además de los versículos citados aquí, 1 Corintios capítulos 12 y 14 tratan extensamente los nueve dones espirituales que hay disponibles para los cristianos cuando son bautizados en el Espíritu Santo.

TREINTA

¿Cómo puedo llegar a ser digno de recibir el bautismo en el Espíritu Santo?

No puede. No hay manera de llegar a ser digno. El regalo del Espíritu Santo, como el regalo de la salvación, no se puede ganar; solo se recibe mediante la fe. No se otorga como un premio ni como un sueldo que alguien consigue. Si pudiera ser lo suficientemente bueno como para ganarlo, ¡no lo necesitaría! La idea de que nos ganamos los dones de Dios por nuestro buen comportamiento es una gran piedra de tropiezo para recibir el poder espiritual hoy. La única justicia disponible para usted y para mí es la justicia que se nos imputó *por nuestra fe en Jesucristo*. *"Concluimos, pues, que el hombre es justificado por fe sin las obras de la ley"* (Romanos 3:28). La vieja herejía de la salvación mediante obras a menudo asoma su lado más feo para robarle al cristiano los dones que Dios prometió. Lo que Pablo dice acerca de Israel es cierto con respecto a muchos miembros de iglesias bien intencionados en la actualidad que confían en su buena conducta para salvarse.

> *Porque yo les doy testimonio de que tienen celo de Dios, pero no conforme a ciencia. Porque ignorando la justicia de Dios, y procurando establecer la suya propia, no se han sujetado a la justicia de Dios; porque el fin de la ley es Cristo, para justicia a todo aquel que cree.* (Romanos 10:2–4)

No son nuestras buenas obras sino nuestra fe en Jesucristo lo que nos salva. La redención es nuestra, no por *intentar* sino por *confiar*. Del mismo modo, es solo confiando en la promesa de Dios, y no por luchar por ser "digno", como recibimos el bautismo en el Espíritu Santo. A veces, oímos que la gente dice: "Bueno, solo estoy esperando hasta que Dios decida darme el Espíritu Santo", o "Dios me bautizará con el Espíritu Santo cuando decida que soy digno". ¡Tales personas no podrían estar más equivocadas! Se están privando a sí mismos de la bendición de Dios por su propia ignorancia. El bautismo en el Espíritu Santo está inmediatamente disponible para todo aquel que lo pide humildemente y sinceramente en fe.

TREINTA Y UNO

¿Cuáles son los obstáculos para recibir el bautismo en el Espíritu Santo?

Obviamente, hay muchos obstáculos si uno no tiene una buena relación con Jesucristo. El pecado no confesado, actitudes o prácticas poco cristianas, participar en sectas religiosas que niegan la divinidad de Cristo, temor o un espíritu falto de perdón, son todos ellos graves obstáculos. Pero estoy suponiendo que esta pregunta proviene de alguien que es cristiano y tiene una buena relación con el Señor y que desea fervientemente recibir el bautismo en el Espíritu Santo.

La experiencia demuestra que hay dos obstáculos principales que bloquean la receptividad al bautismo en el Espíritu Santo. El primero es la ignorancia bíblica. Durante años, la doctrina bíblica del Espíritu Santo se ha tratado por encima o se ha ignorado entre los pastores y maestros de la Biblia. La mayoría de los cristianos siguen en la zona oscura con respecto a lo que dice la Biblia acerca del Espíritu Santo y su poder. Cuando se le haya dado la misma cantidad de estudio y discusión a lo que las Escrituras dicen con respecto al bautismo en el Espíritu Santo que se le ha dado a lo que las Escrituras dicen con respecto al bautismo en agua, tendremos mucha más literatura útil sobre este tema. Las personas no pedirán un poder espiritual que no saben que existe. Muchos seguimos como los discípulos de Éfeso, que le dijeron a Pablo: "*Ni siquiera hemos oído si hay Espíritu Santo*" (Hechos 19:2). Hoy día, con la creciente difusión del avivamiento carismático, estamos siendo testigos de un regreso a los estudios bíblicos sobre el tema y un esperanzador declive de la ignorancia bíblica.

Pero años de enseñanza errónea e ignorancia bíblica también dejan una barrera psicológica que crea dificultad a la hora de recibir el bautismo, incluso después de estar intelectualmente convencidos de que es real. Debemos clamar como el padre del niño epiléptico: *"Creo; ayuda mi incredulidad"* (Marcos 9:24).

El otro gran obstáculo es el temor a lo que otros puedan pensar o decir: temor a la opinión pública. Hasta que queramos el Espíritu Santo más de lo que queremos la aprobación de nuestros hermanos de la iglesia; hasta que queramos el poder de Dios más de lo que queremos ser respetados; hasta que estemos espiritualmente tan hambrientos que realmente no nos preocupe lo que piensen otras personas, puede que no estemos muy receptivos. La mayoría de nosotros queríamos a Dios según nuestros propios términos y hemos rehusado firmemente dejarle imponernos sus términos. Por esta razón, nos resulta difícil experimentar nuevas experiencias espirituales. Muchas personas parecen haber llegado a la conclusión de que hablar en lenguas es en cierto modo impropio para el miembro de iglesia bueno y ortodoxo. Quizá la pregunta básica que debemos hacernos es si queremos ser puritanos, correctos y faltos de poder, o fieles, entregados y poderosos. Parece casi imposible ser ambos.

TREINTA Y DOS

Si el bautismo en el Espíritu Santo viene de Dios, ¿no debería ser algo espontáneo? ¿Por qué se necesitan instrucciones sobre cómo recibirlo?

No consideramos que sea extraño ayudar a las personas a recibir a Cristo como Salvador bosquejándoles los "pasos para la salvación". ¿Cuántos millones de folletos y tratados cree que se han distribuido acerca de "Cómo ser salvo"? Esto no significa que las personas se ganen la salvación o que no sea un acto soberano de la gracia de Dios. Tampoco significa que la gente no pueda encontrar la salvación leyendo la Palabra de Dios a solas, sin ayuda humana. Pero sabemos que se puede suministrar información que puede ayudar a la persona que está buscando a aceptar a Jesucristo como Señor y Salvador.

Lo mismo es cierto del bautismo en el Espíritu Santo. Si no tuviéramos prejuicios en nuestro pensamiento acerca del Espíritu Santo, como no lo tenían los primeros cristianos, quizá sería menos necesaria la instrucción. Pero la mayoría de nosotros tenemos una enseñanza errónea y un prejuicio innato que vencer. Por eso las instrucciones se dan para ayudar a deshacer la falsa enseñanza y hacer que las personas estén más receptivas a tener un encuentro con Jesús como el que bautiza en el Espíritu Santo.

Las Escrituras dejan claro que al buscar las bendiciones de Dios, *cómo* pedimos es tan importante como *qué* pedimos. Jesús dio enseñanza a los discípulos en asuntos pertinentes a la oración. Y si examinamos las Escrituras detenidamente, encontramos evidencias de que Jesús enseña a los discípulos acerca de la llegada del Espíritu Santo. Incluso la experiencia de Pentecostés puede que no fuese tan espontánea como parece a primera vista, ya que Jesús puede que les hubiera dicho a los discípulos que esperasen la manifestación de las lenguas que descendieron en Pentecostés. Ciertamente, Él mencionó las lenguas como una de las señales milagrosas que seguirían a los que creyeran: *"Y estas señales seguirán a los que creen: En mi nombre echarán fuera demonios;* ***hablarán nuevas lenguas****"* (Marcos 16:17), e hizo esta afirmación justamente antes de su ascensión, solo diez días antes de Pentecostés.

TREINTA Y TRES

¿Debemos recibir la imposición de manos para ser bautizados en el Espíritu Santo?

Hay cinco relatos en el libro de los Hechos donde personas recibieron el bautismo en el Espíritu Santo. En tres de los cinco relatos, los que recibieron fueron ministrados mediante la imposición de manos. En Hechos 8, Pedro y Juan fueron enviados a Samaria para orar por los convertidos de Felipe, a fin de que recibieran al Espíritu Santo. Hechos 8:18 dice que el Espíritu fue dado mediante la imposición de manos. Después, en Hechos 9 leemos que Ananías fue a imponer manos sobre Saulo, para que recibiera la vista y "*seas lleno del Espíritu Santo*" (Hechos 9:17). Tercero, Hechos 19 habla de Pablo imponiendo manos sobre los discípulos efesios. "*Y habiéndoles impuesto Pablo las manos, vino sobre ellos el Espíritu Santo; y hablaban en lenguas, y profetizaban*" (Hechos 19:6). Por lo tanto, las Escrituras apoyan la práctica de la imposición de manos en conexión con la oración por el bautismo en el Espíritu Santo.

Si desea el bautismo en el Espíritu Santo y busca una iglesia o reunión de oración donde se ofrezca este ministerio, es probable que reciba la imposición de manos en conexión con la oración. Recibir el Espíritu Santo a menudo parece más fácil cuando se imponen manos sobre la cabeza del candidato mientras se hace la oración.

Habiendo dicho esto, debemos destacar que en las otras dos ocasiones en el libro de Hechos —Hechos 2 cuando el Espíritu cayó en Pentecostés, y Hechos 10 cuando toda la casa de Cornelio recibió el Espíritu—, no se realizó imposición de manos.

Hoy día, vemos que ocurre de ambas formas a la vez. En reuniones donde hay un grupo buscando el Espíritu Santo, quizá hacemos una oración inclusiva por todos y luego comenzamos a ministrar a los candidatos individualmente, animándoles e imponiendo manos sobre su cabeza. Pero el Espíritu Santo a menudo se mueve mucho antes de la imposición de manos, por lo que normalmente encontramos que un grupo de personas ya están recibiendo y alabando a Dios en lenguas mucho antes de llegar a orar por ellos.

Así, la única manera segura de responder a esta pregunta es diciendo que la imposición de manos para recibir el Espíritu Santo es bíblica, a menudo útil, pero no siempre necesaria.

TREINTA Y CUATRO

¿Cómo puedo saber que lo que he recibido es el bautismo en el Espíritu Santo y no una falsificación de Satanás?

Si usted es sincero y honesto al buscar una bendición del Señor, no debe temer a ninguna falsificación de Satanás. Si le pide a Dios el bautismo en el Espíritu Santo, entonces eso es lo que usted recibirá. Tenemos la propia palabra de Jesús en cuanto a esto.

> *¿Qué padre de vosotros, si su hijo le pide pan, le dará una piedra? ¿o si pescado, en lugar de pescado, le dará una serpiente? ¿O si le pide un huevo, le dará un escorpión? Pues si vosotros, siendo malos, sabéis dar buenas dádivas a vuestros hijos, ¿cuánto más vuestro Padre celestial dará el Espíritu Santo a los que se lo pidan?* (Lucas 11:11–13)

¿Hay algo más claro que esto? Jesús dijo que si el Padre no cumpliera su Palabra, sería menos que un hombre malo, porque incluso un hombre malo sabe dar buenos regalos a sus hijos.

El temor a la falsificación es uno de los trucos favoritos de Satanás para desanimar a los cristianos sinceros con el fin de que no busquen todo lo que Dios tiene para ellos. ¡No puedo hacer más énfasis cuando digo que debemos creer y confiar en la Palabra de Dios! Totalmente. Completamente. Implícitamente. Dios *no puede* negarse a sí mismo. Él *no puede* negar su propia Palabra. Si usted pide una bendición de Dios, Él *no puede* responder con una falsificación de Satanás.

Cuando surge esta pregunta, como sucede a menudo, en sesiones donde estamos a punto de orar para que personas reciban el bautismo, respondemos de esta forma: "Vamos a orar ahora para que el Señor Jesucristo les bautice a cada uno de ustedes en el Espíritu Santo. Queremos que todos ustedes acepten, por fe, que a partir de este momento todo lo que ocurra es del Espíritu Santo".

He tenido el privilegio de orar por muchos cientos de personas para que reciban el bautismo en el Espíritu Santo, y aún no he visto a nadie recibir una falsificación. Y no creo que lo vea nunca.

TREINTA Y CINCO

¿Dónde debería ir para recibir el bautismo en el Espíritu Santo?

Ningún lugar es mejor que otro. Las personas han recibido el bautismo en reuniones pentecostales en carpas, en todo tipo de iglesias, incluyendo iglesias episcopales y católico romanas, en reuniones de oración, en casas y en casi todas las circunstancias imaginables. Conozco a un pastor que lo recibió mientras preparaba un sermón en su estudio; y otro pastor que lo recibió mientras predicaba en su congregación. Conozco a cristianos que lo han recibido mientras conducían un auto, mientras estaban acostados en la cama, incluso mientras se daban un baño. Mi propio hermano, un coronel de la fuerza aérea, recibió el bautismo en el Espíritu Santo mientras estábamos sentados juntos orando en un vagón estacionado en un rancho de venados en el sur de Texas.

Hace tan solo unos meses, mi esposa y yo orábamos para que dos hombres recibieran el bautismo en el Espíritu Santo en nuestro propio auto en Atlanta, Georgia, mientras esperaban en el aeropuerto. El avión se retrasó tres horas, y creo que Dios lo hizo para que tuviéramos tiempo de aconsejar y orar con esos hombres. Otra joven amiga recibió el bautismo mientras viajaba con un coro en un tour por Italia. Por extraño que parezca, recibió al Espíritu Santo y comenzó a alabar a Dios calladamente en lenguas mientras estaba de pie junto a cientos de personas en la catedral de San Pedro, en Roma, durante una audiencia con el Papa.

Mire, lo importante no es el *lugar* donde esté, sino el *estado* en que se encuentre usted. Si está buscando esta experiencia más profunda con Dios con confianza y en oración, puede ocurrir en cualquier lugar.

Pero al haber compartido con usted estos incidentes, permítame apresurarme a animarle a que busque convivencia en alguna iglesia carismática o grupo de oración donde encuentre a otras personas que tengan el ministerio de ayudar a otros a recibirlo. Lo más probable es que en su propia ciudad o vecindario haya una iglesia o una reunión de oración en alguna casa con este ministerio.

No obstante, si le resulta difícil encontrar un grupo, o si es usted una de esas personas tímidas que son reticentes a que otros oren por usted o a que le impongan manos, entonces tenga la tranquilidad de que puede recibir el bautismo en el Espíritu Santo a solas. De hecho, puede recibirlo antes de terminar este libro, si lo pide en fe y coopera con el Espíritu Santo. No estamos hechos para "demorarnos" o esperar, sino para creer y recibir. El capítulo siguiente ofrece pasos concretos que pueden serle útiles si está listo, ahora mismo, para experimentar esta maravillosa nueva relación con el Señor. ¿Por qué se queda aquí? ¡Jesús está esperando bautizarle con poder!

TREINTA Y SEIS

¿Cómo puedo recibir el bautismo en el Espíritu Santo?

Hacia el final de su relato de la vida de nuestro Señor, el apóstol Juan dijo: *"Hizo además Jesús muchas otras señales en presencia de sus discípulos, las cuales no están escritas en este libro. Pero éstas se han escrito para que creáis que Jesús es el Cristo, el Hijo de Dios, y para que creyendo, tengáis vida en su nombre"* (Juan 20:30–31). En algún aspecto parecido, se han compartido las preguntas y respuestas de este libro, "para que crean que el Jesús resucitado, glorificado, sigue bautizando en el Espíritu Santo, *y para que creyendo*, tengan poder sobrenatural en su nombre".

Los incidentes enumerados en el capítulo anterior dejan claro que no hay técnica única o método de preparación esencial para recibir el bautismo en el Espíritu Santo. Permítame apresurarme a decir, no obstante, que hay un requisito previo que es absolutamente esencial. *Si aún no lo ha hecho, debe aceptar al Señor Jesucristo como su Salvador personal.* De ningún modo debería orar por el bautismo en el Espíritu Santo ninguna persona que no sea un cristiano creyente.

Hay dos ingredientes básicos que forman parte del bautismo en el Espíritu Santo: la disposición de nuestro Señor Jesucristo a bautizar al creyente, y el deseo y disposición del creyente a recibir el bautismo. Si está listo para recibir el bautismo en el Espíritu Santo, este capítulo es especialmente para usted. Le sugiero que primero lea todo el capítulo, y después, en su momento adecuado, en la privacidad de su rincón de oración, lea el capítulo de nuevo, siguiendo detalladamente cada paso mostrado hasta que el prometido bautismo en el Espíritu Santo con el milagro de alabar a Dios en un nuevo lenguaje se convierta en su propia posesión gozosa. Gloria a Dios que Él es *fiel* y no le dejará irse sin su deseo cumplido. ¿Está listo?

1. Encuentre un momento y un lugar para orar y meditar tranquilamente.

Aunque ayuda estar en presencia de un grupo de cristianos llenos del Espíritu que puedan enseñarle, animarle y orar con usted, tal compañerismo no es esencial. Usted puede recibirlo en su propio hogar. Simplemente encuentre un lugar donde pueda estar tranquilo y sin que nadie le moleste para pasar un tiempo de oración y esperar en el Señor. Los entornos físicos no son importantes mientras pueda estar tranquilo y cómodo. Puede sentarse, arrodillarse o adoptar la posición que le ayude a tener un sentimiento de reverencia y expectativa espiritual.

2. Vuelva a leer los versículos que contengan la promesa del Espíritu Santo.

Estos versículos ya los tiene escritos en el capítulo 29. Vuelva a leerlos, cuidadosamente, afirmando que son para *usted*. Después de haber leído de nuevo estos versículos, quiero señalarle un pasaje de las Escrituras que aparentemente no parece estar relacionado pero que es muy importante y útil:

> *En seguida Jesús hizo a sus discípulos entrar en la barca e ir delante de él a la otra ribera, entre tanto que él despedía a la multitud. Despedida la multitud, subió al monte a orar aparte; y cuando llegó la noche, estaba allí solo. Y ya la barca estaba en medio del mar, azotada por las olas; porque el viento era contrario. Mas a la cuarta vigilia de la noche, Jesús vino a ellos andando sobre el mar. Y los discípulos, viéndole andar sobre el mar, se turbaron, diciendo: ¡Un*

> *fantasma! Y dieron voces de miedo. Pero en seguida Jesús les habló, diciendo: ¡Tened ánimo; yo soy, no temáis! Entonces le respondió Pedro, y dijo: Señor, si eres tú, manda que yo vaya a ti sobre las aguas. Y él dijo: Ven. Y descendiendo Pedro de la barca, andaba sobre las aguas para ir a Jesús. Pero al ver el fuerte viento, tuvo miedo; y comenzando a hundirse, dio voces, diciendo: ¡Señor, sálvame! Al momento Jesús, extendiendo la mano, asió de él, y le dijo: ¡Hombre de poca fe! ¿Por qué dudaste?* (Mateo 14:22–31)

Este pasaje contiene la historia de cómo Pedro buscó y experimentó un milagro. Es importante para usted, porque recibir el bautismo en el Espíritu Santo y hablar en lenguas es experimentar un milagro. Examinar esta historia e identificarse con Pedro y sus acciones puede ayudarle mucho a recibirlo.

Cuando Pedro vio que Jesús se acercaba por el agua, dijo: "*Señor, **si eres tú**, manda que yo vaya a ti*". Pedro quería la seguridad de que el milagro que buscaba estaba en concordancia con la voluntad de Dios para su vida. Muchas personas preguntan hoy día: "¿Cómo sé que es la voluntad de Dios que reciba el bautismo en el Espíritu Santo?". Los versículos que usted leyó acerca del bautismo dejan muy claro que el Señor *sí* desea otorgar este don a cada cristiano. Así que acepte su voluntad para su vida en este asunto con gozo y anticipación, sepa que su invitación es para "***vosotros**… y para vuestros hijos, y para **todos** los que están lejos*" (Hechos 2:39).

Ahora observemos también lo que dijo Pedro: "*Señor, si eres tú, **manda que yo vaya a ti sobre las aguas***". Pedro *sabía* que le estaba pidiendo al Señor un milagro, pidiéndole que proveyera lo que ningún hombre sobre la tierra podría darle. Solamente Dios podría dar, mediante su poder sobrenatural, los medios para que Pedro caminara sobre el agua. Por la misma razón, el bautismo en el Espíritu Santo y hablar en lenguas es un milagro que ningún hombre en la tierra puede otorgar. Solamente Dios, mediante su poder sobrenatural, puede llenarle con su Espíritu Santo y capacitarle para que hable en lenguas.

Jesús le dijo a Pedro "*Ven*" porque sabía que el poder de Dios sostendría a Pedro sobre las aguas. Jesús le dice a usted "Recibe" porque sabe que el poder de Dios le llenará y capacitará para hablar en lenguas.

Mediante su disposición a acudir como respuesta a la invitación de Jesús, Pedro, en verdad estaba diciendo: "Señor, si dices que puedo hacerlo, si tú dices que puedo caminar sobre el agua, confío en que lo harás posible". Así también, usted que está buscando el bautismo en el Espíritu Santo debe decir: "Señor, si dices que puedo recibirlo, si tú dices que puedo hablar en lenguas, confío en que harás que sea posible".

3. Haga la oración de invitación.

De una forma sencilla y ferviente, ore pidiéndole a Jesús que le llene con el Espíritu Santo. Puede usar una oración como la que sigue:

> Señor Jesucristo, creo con todo mi corazón que el bautismo en el Espíritu Santo es para mí. Así como confío en ti para mi salvación eterna, ahora confío en que me vas a dar tu Espíritu Santo con la evidencia de hablar en lenguas. Ahora abro mi vida a recibir la plenitud de tu Espíritu Santo en mi interior. Gracias, Señor Jesús. Amén.

4. Reciba al Espíritu Santo en su interior.

Tras haber hecho su oración, crea y actúe en consecuencia. Sepa que en este preciso momento el Espíritu Santo se está moviendo en su vida de una forma nueva y poderosa como respuesta a su oración. ¡Reclame su respuesta! En un acto consciente de rendición, permítale controlar por completo su cuerpo, mente y espíritu. Sea confiadamente consciente de la presencia de Él en su interior.

En este momento, quizá sienta la presencia física del Espíritu Santo. Su presencia puede llegar como una sensación de calor que le envuelve, o como una presencia poderosa y silenciosa que le rodea. Quizá sienta una sensación de cosquilleo o una ligera vibración, como si le tocara una corriente eléctrica. Pero aunque no sienta nada, descanse tranquilo en la confianza de que el Espíritu Santo *ahora* está viniendo sobre usted en poder y está a punto de darle un nuevo lenguaje de oración y alabanza a Dios.

5. Reciba y hable en el lenguaje que el Espíritu Santo le dé.

Este es el punto en que su fe y confianza deben convertirse en acción. En la historia bíblica del milagro de Pedro, este es el momento en que Pedro actuó valientemente y en fe, así como usted debe hacerlo ahora. La Escritura simplemente dice: *"Y **descendiendo** Pedro de la barca, **andaba**"*. ¡Estas pocas palabras contienen la clave! Revelan cómo se produjo el milagro, y cuando usted entiende esto, tiene en su mano la clave para hablar en lenguas.

Antes de que se pudiera producir el milagro de Dios, Pedro tuvo que hacer su parte. Pero Pedro no hizo nada sobrenatural, sino tan solo salir de la barca y comenzar a caminar, tal y como lo hubiera hecho si la barca hubiera estado en la orilla. Fue un acto de fe y valor, pero fue una acción puramente humana. Después, cuando Pedro actuó en fe, Dios actuó sobrenaturalmente para llevar a cabo el milagro. Mientras Pedro caminaba, Dios sostuvo el agua firmemente bajo sus pies. Lea la historia con detenimiento. Dios no sacó a Pedro de la barca y le llevó flotando por encima del agua. Pedro caminó de forma natural mientras Dios le sostenía sobrenaturalmente. Si Pedro hubiera esperado a que el poder de

Dios le sacara de la barca y le llevara flotando por el agua hasta Jesús, ¡a día de hoy aún seguiría en la barca!

Lo mismo ocurre con el milagro de hablar en lenguas. El milagro no es *que usted* hable; usted habla su propio lenguaje como Pedro caminó normalmente. Tiene que abrir sus propios labios y dejar salir su voz, así como Pedro sacó sus propias piernas y pies. El milagro llega cuando, al abrir su boca para hablar, confía en que Dios le dará un nuevo lenguaje de alabanza: palabras y sílabas en un lenguaje nuevo y desconocido. Pedro caminó, y confió en que Dios sostendría el agua firmemente bajo sus pies. Usted tiene que hablar, confiando en que Dios le dará un nuevo lenguaje con el que alabarle. Alce su voz en fe, confiando en que *cuando usted comience a hablar,* será en un lenguaje nuevo y bello que nunca antes había escuchado.

No dude. No tenga miedo de abrir su boca y hablar. Rehusar hablar en fe le deja como Pedro sentado en la barca. Mientras él estuviera ahí sentado sin hacer nada, no habría milagro. Mientras usted guarde silencio, no habrá milagro alguno de hablar en lenguas.

Cuando el Espíritu Santo cayó en Pentecostés, "*fueron todos llenos del Espíritu Santo, y comenzaron a hablar en otras lenguas, según el Espíritu les daba que hablasen*" (Hechos 2:4). Observe cuidadosamente lo que ocurrió. *Ellos* fueron llenos y comenzaron a hablar; el Espíritu Santo no fue quien habló; *ellos hablaron.* El Espíritu Santo "*les daba que hablasen*" o proveyó las palabras. Las 120 personas, con sus propios labios y lenguas, fueron las que hablaron. El milagro fue que el Espíritu Santo les dio lenguas que nunca antes habían aprendido.

Cuando permita que el Espíritu Santo le dé este nuevo lenguaje de alabanza, recuerde que no podrá entender el lenguaje, pues será una lengua desconocida para usted. Pero no permita que eso le impida hablar. Su responsabilidad no es entender sino hablar en fe. En este momento, el diablo le tentará y susurrará: "No puedes hacerlo". ¡Pero es un mentiroso! Usted *puede* hacerlo, al igual que millones de otros cristianos lo han hecho. No escuche las mentiras de Satanás. Ignórele, y continúe y hable.

El Espíritu Santo quizá le impulse a hablar en una de varias formas. Si ha estado alabando a Dios en español, quizá encuentre que sus oraciones se vuelven difíciles, que su voz tartamudea. Ceda a este tartamudeo y el nuevo lenguaje se formará por sí mismo con facilidad. O quizá experimente el comienzo de esta "lengua desconocida" permitiendo que el Espíritu Santo inserte sílabas y palabras que suenan extrañas en su mente. No las menosprecie como si fueran de su propia imaginación; usted está bajo el control del Espíritu Santo y las palabras provienen de Él. Dígalas en fe, aunque se sienta ridículo al hacerlo. Pedro también debió de sentir que hacía el ridículo al intentar caminar sobre el mar.

6. Siga hablando en fe.

Una vez que haya comenzado a alabar a Dios en el nuevo lenguaje que Él le ha dado, es importante que usted siga hablando hasta que esté completamente familiarizado y cómodo con su nueva capacidad espiritual. Puede que sea en este punto donde surjan sus mayores dudas. Satanás usará su mente consciente, la vieja mente "de la carne", para tentarle a rechazar toda la experiencia. Así como le tienta diciéndole antes de comenzar a hablar en lenguas que no puede hacerlo, también le tentará cuando comience a hablar en lenguas diciendo: "¡Eso no es hablar en lenguas! Te estás inventando los sonidos y las sílabas". Pero recuerde: él es un mentiroso; no le escuche. Continúe y hable, y siga hablando.

Este es el momento de beneficiarnos del error de Pedro. Hemos visto cómo el osado acto de fe de Pedro al salir de la barca inició el milagro de Dios. Pero después leemos que Pedro apartó sus ojos de Jesús y comenzó a mirar a las aguas tempestuosas. Casi podemos oír las palabras de Satanás comenzando a burlarse de Pedro por la imposibilidad de lo que estaba haciendo. Y Pedro escuchó, y Pedro comenzó a hundirse. Obviamente, su temor provenía de Satanás, porque cuando Jesús extendió su mano y le agarró, amonestó a Pedro: "*¡Hombre de poca fe! ¿Por qué dudaste?*".

Lo mismo ocurre cuando usted habla en lenguas. Puede que esté tan consciente de sí mismo cuando hable por primera vez, y quizá sea tan diferente de lo que usted anticipaba, que se pregunte si todo eso es real. *Sucede así con tantas personas que casi podemos hacer de ello una ley.* Se sentirá raro y Satanás le lanzará muchas dudas. Después de todo, está viajando por territorio desconocido. Nada en su experiencia pasada puede igualarlo. Usted es como un bebé que da sus primeros pasos en una tierra nueva. Puede que incluso tartamudee y balbucee como un bebé al principio. Las primeras lenguas a menudo suenan parecido al hablar de un bebé. Pero ¿qué tiene de malo si tartamudea? "*Porque en lengua de tartamudos, y en extraña lengua hablará a este pueblo*" (Isaías 28:11–12). Pablo cita este pasaje en Isaías mientras discute acerca de las lenguas. (Véase 1 Corintios 14:21). ¡Usted está en buena compañía!

¡No cometa el error que cometió Pedro! El milagro de que usted hable en lenguas *es* de Dios, y las dudas que surgen para molestarle *son* de Satanás. Recuerde la frase de Pablo: "*Porque si yo oro en lengua desconocida, mi espíritu ora,* ***pero mi entendimiento queda sin fruto***" (1 Corintios 14:14). En otras palabras, se supone que usted no debe entender con su intelecto lo que su espíritu está orando en lenguas. Pero Satanás usará la "falta de fruto" en su intelecto, el hecho de que no puede encontrar el significado de las lenguas, como un intento de desacreditar el milagro que está ocurriendo, así como usó la racionalización de Pedro acerca de la imposibilidad de caminar sobre el agua para que titubeara su fe.

Por lo tanto, no preste atención a sus dudas; no preste atención al hecho de sentirse raro; mantenga sus pensamientos centrados en Jesús cuando le alabe en lenguas. Cuanto más continúe alabándole, más firme quedará establecido en esta nueva dimensión espiritual, y más fluidas serán sus alabanzas.

Hemos observado con deleite la rica variedad de bellos y excelentísimos lenguajes en los que amigos llenos del Espíritu alaban al Señor. Pero aunque algunas personas, desde el momento de recibir, demuestran una gran fluidez en lenguas, otros parecen hablar solo unas pocas palabras o sílabas. Sin embargo, hemos descubierto que una fe atrevida, junto al sentimiento de abandono y disposición a ser humilde por causa de Cristo, establece rápidamente una mayor fluidez en lenguas. Con frecuencia, la aparente ineptitud para orar libremente en lenguas es simplemente una falta de confiada valentía.

Hace años, un grupo de nosotros oramos, aparentemente sin éxito, para que una joven esposa recibiera el bautismo. La noche siguiente ella regresó, y en ese momento encontró una gloriosa libertad alabando a Dios en lenguas. Después compartió con nosotros que mientras habíamos orado con ella la noche anterior, su mente había estado llena de palabras y frases extrañas que no entendía, pero había sido muy tímida y no se atrevió a decirlas en voz alta. Durante todo el día siguiente, mientras trabajaba en las tareas del hogar, el Espíritu Santo siguió derramando abundantes palabras desconocidas en sus pensamientos, tantas que no podía pensar en otra cosa.

Cuando oramos con ella la segunda vez, el torrente se liberó, para su gran gozo. Muchas personas parecen tener reticencias similares para hablar, pero el Espíritu Santo continúa moviéndose de una manera tierna y compasiva hasta que tienen suficiente confianza para confiar en Él y hablar.

La experiencia del bautismo en el Espíritu Santo y hablar en lenguas le conduce por una puerta espiritual que lleva a todo tipo de bendiciones espirituales. Recuerde: este no es el final, sino un comienzo. Le espera toda una nueva esfera de experiencia espiritual. Potencialmente, se ha convertido en un testigo poderoso y eficaz de Jesucristo, así que no deje que Satanás le robe lo que ha recibido. Mantenga sus ojos puestos en Jesús; aprópiese de la Palabra de Dios; practique diligentemente su nueva habilidad para alabar a Dios en lenguas; y pronto estará firmemente arraigado en su nueva vida en el Espíritu Santo.

"*¡Gracias a Dios por su don inefable!*" (2 Corintios 9:15).

TREINTA Y SIETE

Recientemente recibí el bautismo en el Espíritu Santo y hablé en lenguas. ¿Cómo pongo en acción esta nueva experiencia?

Hay un hecho relacionado con el bautismo en el Espíritu Santo que debemos reconocer libremente: *el poder espiritual trae consigo problemas*. Aparentemente, uno esperaría que los buenos cristianos recibieran con los brazos abiertos el testimonio de otros cristianos que están deseosos de compartir lo que Dios ha hecho por ellos. Desgraciadamente, no siempre es el caso. Es inevitable que algún cristiano que recibe el bautismo en el Espíritu Santo, *y que dé testimonio de lo que Dios ha hecho por él*, experimente un poco de reprensión, rechazo y falta de entendimiento por parte de aquellos con los que más quiere compartir las buenas noticias. La aleccionadora experiencia muestra que una iglesia satisfecha consigo misma puede seguir satisfecha solamente hasta que llegue alguien para desafiar esa complacencia, y un cristiano indiferente puede seguir indiferente solo mientras esté libre de todo contacto personal con otro cristiano que esté vibrantemente vivo con el poder del Espíritu. Como una vez dijo Rufus Moseley: "Ninguna iglesia está tan muerta como para no ofenderse porque alguien le diga que está muerta; y cuanto más muerta está, más se ofende".

La iglesia que vive y ministra "en la carne", es decir, principalmente mediante el esfuerzo humano y la planificación, y que aún no ha experimentado la renovación espiritual bajo el poder del Espíritu Santo, no puede evitar caer bajo cierta medida de convicción y juicio ante la aparición del testimonio lleno del Espíritu. No decimos esto para condenar a tal iglesia, sino meramente como una muestra clara del gran abismo que separa "lo que es nacido de la carne" y "lo que es nacido del Espíritu".

El primer problema al que usted, como recién bautizado en el Espíritu Santo, tendrá que enfrentarse es cómo hacer un ajuste del antiguo, y quizá conformista, papel que desempeñaba en su iglesia a uno que refleje adecuadamente su nueva vida espiritual. Aportamos aquí algunas palabras de precaución.

Primero, *recuerde que recibir el bautismo en el Espíritu Santo no significa que deba convertirse en un religioso chismoso.* No intente aporrear a la gente con su experiencia. Quizá exista la tentación de intentar compartir con todo aquel que sale a su paso eso tan maravilloso que le ha ocurrido. Esto será especialmente cierto si su bautismo estuvo acompañado, como ocurre con muchos, de una experiencia emocional poderosa. Usted "se siente tan maravillosamente bien" que quiere contárselo a todos. Pero más de un bebé en el Espíritu Santo ha aprendido a través de una dolorosa experiencia la verdad de la amonestación de Jesús: "*Ni echéis vuestras perlas delante de los cerdos, no sea que las pisoteen, y se vuelvan y os despedacen*" (Mateo 7:6). No deje que el brillo radiante de una experiencia nueva y maravillosa le ciegue al hecho de que aunque esté testificando de una forma *nueva,* con un poder *nuevo,* acerca de una experiencia *nueva* en Cristo, la mayoría de la gente que le escuchará lo hará con sus mismos oídos de siempre. Y este consejo a veces demuestra ser tan pertinente para los que hemos recibido el bautismo en el Espíritu Santo hace muchos años como para quienes lo acaban de recibir.

Por ejemplo, una vez recibí una carta de Robert Walker, editor de la revista *Christian Life,* que contenía un informe editorial acerca del primer borrador de un artículo que entregué que describía el derramamiento del Espíritu Santo sobre la iglesia que yo estaba pastoreando en Sharon, Pensilvania. Me quedé sorprendido y desalentado por dos frases de su carta:

> No es bueno dar la impresión de ser engreído, santurrón o devoto, Don. Recuerde que muchas personas que rechazan la obra del Espíritu Santo son muy críticas con aquellos que defienden la llenura del Espíritu porque dan la impresión de ser espiritualmente orgullosos.

Su carta me sacudió. Después de todo, mi artículo se escribió para describir las cosas maravillosas que Jesucristo estaba haciendo en nuestra iglesia. Ciertamente no pretendía aparentar ser "engreído, santurrón o devoto". Muy contrariado, volví a leer mi artículo. Entonces lo leí de nuevo como si yo fuera un miembro de iglesia que no sabía nada del avivamiento carismático, y rápidamente vi aquello a lo que mi subjetivo entusiasmo me había cegado antes. Mi intención era decir: "Miren lo que *Jesucristo* está haciendo por nosotros". Pero en su forma existente, el artículo parecía alardear, diciendo: "Miren lo que Jesucristo esta haciendo *por nosotros*". Puede estar seguro de que el artículo, cuando volví a entregárselo al editor Walker, fue escrito de nuevo con mucho cuidado.

Segundo, *merece la pena esperar a que el Espíritu Santo nos guíe a aquellos a quienes deberíamos dar testimonio.* Cuando hacemos esto, rápidamente descubrimos lo selectivo que puede ser el Espíritu Santo. Inmediatamente después del bautismo en el Espíritu Santo, viene un deseo natural de intentar compartir nuestra experiencia con los que están más cerca de nosotros. Ocasionalmente, esto funciona bien. Otras veces, parece hacer más daño que bien, porque nuestros mejores amigos y nuestros familiares a menudo resultan ser nuestros críticos más severos. Incluso a Jesús no le creían en su propia ciudad natal.

Al buscar la guía del Espíritu Santo en cuanto a dar testimonio, quizá nos sorprenda descubrirle gentilmente motivándonos a no contar nuestra experiencia cuando estamos entre quienes mejor y desde hace más tiempo nos conocen. El Señor a menudo usa a algún extraño para establecer el primer contacto, y entonces, en el tiempo adecuado, el Espíritu Santo nos mueve a compartir nuestro testimonio como apoyo a lo que otro ya ha presentado. La frase de Jesús a menudo demuestra ser cierta: *"No hay profeta sin honra sino en su propia tierra, y entre sus parientes, y en su casa"* (Marcos 6:4). A veces, he tenido que aprender por las malas que solo porque alguna vez sentí que algún amigo o socio necesitaba mi testimonio y lo recibiría con los brazos abiertos, no significaba necesariamente que el Espíritu Santo compartiera mi entusiasmo.

Tenemos que estar en guardia, también, contra el entendible pero con frecuencia desafortunado impulso de buscar a algunas de las personas más "espiritualmente maduras" de nuestra iglesia para compartir con ellas nuestro testimonio, suponiendo que su fidelidad en la iglesia y sus años de actividad religiosa de algún modo les hacen ser más receptivos. A menudo, ocurre justamente lo contrario, ya que esos mismos miembros de iglesia comprometidos y dedicados quizá están tan identificados con cierto tipo de devoción y servicio cristiano que sencillamente no pueden aceptar nada nuevo o distinto. Muchas de estas personas fervientes, sin darse cuenta, claro está, son los equivalentes modernos de los escribas y fariseos de los tiempos de Jesús. El que ellos acepten el hecho de que la actividad vital y sobrenatural del Espíritu Santo que obra dentro de ellos debería ser una parte integral de la fe que profesan pone demasiada presión sobre su credulidad, y actúa como un juicio demasiado severo de sus propias vidas ordinarias. A menudo les resulta imposible admitir la validez de cualquier experiencia así. Son, para citar a Rufus Moseley de nuevo, "las nueces más duras de partir y las de peor calidad cuando se abren".

Pero así como algunas de las personas con más probabilidades parecen ser las más vehementes en su rechazo de nuestro testimonio, también algunas de las personas más improbables resultan ser candidatos para el bautismo en el Espíritu Santo. Podemos estar seguros de que cuando oramos por nuestro testimonio, el Espíritu Santo sabe cuáles son las personas que estarán más receptivas a nuestro testimonio, y se ocupará de que se crucen por nuestro camino.

Tercero, *no se precipite demasiado por querer cambiar las iglesias.* Si sus primeros intentos por dar su testimonio se topan con frío rechazo o incluso una hostilidad manifiesta, quizá se vea muy tentado a dejar su iglesia y buscar otra congregación donde crea que la gente estará más receptiva. ¡Vaya despacio! ¡Ore mucho e intensamente! Asegúrese dos veces de que es la voluntad de Dios antes de dar ese paso, porque si se va, ¿quién dará ese testimonio en su iglesia? Sus dificultades demuestran que tiene que estar donde está. El testimonio cristiano más poderoso en cualquier congregación puede que venga de los pocos miembros que están llenos del Espíritu, y más de una iglesia ha regresado a la vida gracias a la ferviente intercesión de uno o dos miembros llenos del Espíritu que resistieron la tentación de irse a "pastos más verdes" y, en su lugar, abrieron el camino para el avivamiento en su propia iglesia por el poder de sus oraciones.

Deje que su experiencia del Espíritu Santo le acerque a una participación más profunda y amorosa en la vida de su iglesia, no solo con algún grupo carismático al que se una, sino también en la adoración y el servicio de la iglesia. Otros miembros de la iglesia, tras oír su testimonio, estarán esperando, y con razón, a ver el fruto de su experiencia en sus acciones. Y estarán mucho más impresionados con lo que usted comparte si la experiencia le lleva a un amor más profundo por la iglesia y sus miembros, que si le ven irse de la iglesia para salirse por la tangente.

Para el pastor que recibe el bautismo en el Espíritu Santo, las cosas podrían de algún modo resultar más difíciles, dependiendo de la postura de su particular denominación con respecto al avivamiento carismático. Es cierto que algunos pastores, al hacer público su testimonio, se han visto forzados a dimitir. En algunos casos, esto parece inevitable. Quizá algunas iglesias solo puedan llegar a entender lo que Dios está haciendo en nuestros días mediante este tipo de ruptura abierta. Pero debemos también admitir honestamente situaciones en las que, si el pastor no se hubiera precipitado tanto, si hubiera sido un poco más compasivo y paciente, su testimonio habría sido aceptado por algunos y quizá tolerado por todos.

Por supuesto, reconocemos que cada situación se debe juzgar según sus propios méritos, y no hay manera de predecir cómo se moverá el Espíritu Santo y cuál será la reacción a su mover en cada caso. Pero una cosa parece clara: si somos pacientes, fieles y confiamos, Dios abrirá una puerta para nuestro testimonio, ya sea donde estamos actualmente o en alguna situación a la que Él nos guíe.

Una cuarta palabra de advertencia: *Tenga cuidado, ¡pero dé testimonio!* En el extremo opuesto de ser demasiado osado y prematuro a la hora de dar testimonio, existe el mismo peligro, si no mayor, de no hablar en absoluto de nuestro testimonio. Yo soy especialmente sensible a este pecado, no solo porque fui personalmente culpable del mismo (con el resultado de varios años de ministerio relativamente sin fruto), sino también por el creciente número de cristianos que han recibido el bautismo en el Espíritu Santo y no están haciendo nada con ello.

Ciertamente, no estamos equivocados al creer que Dios espera que todo cristiano lleno del Espíritu sea un testigo. Incluso aunque parezca imposible en su propia iglesia, hay otros lugares abiertos donde su testimonio se puede compartir y donde puede ahondar su experiencia. La mayoría vivimos cerca de alguna ciudad donde hay una sucursal de Full Gospel Businessmen's Fellowship International cuyas reuniones mensuales pueden servir como una fuente vital de comunión con creyentes llenos del Espíritu. En cada ciudad, sin importar su tamaño, hay al menos un grupo de oración carismático, por lo general interdenominacional, que se reúne en un hogar o iglesia. Estos grupos no solo ofrecen inspiración y comunión, sino que también nos ayudan a mantenernos "brillantes con el Espíritu", dándonos la confianza de hablar la callada palabra de testimonio donde trabajamos o en nuestra propia iglesia y entre nuestros amigos y vecinos. Estos grupos carismáticos son ideales para presentar a sus amigos el bautismo en el Espíritu Santo sin involucrarse en denominacionalismo o el asunto de la "membresía de iglesia", ya que estos grupos son totalmente no denominacionales.

Quinto, y quizá lo más importante, *el principal propósito de nuestro testimonio es levantar y glorificar a Jesucristo* y no una experiencia en particular. Debido a la naturaleza bastante espectacular del bautismo en el Espíritu Santo, y debido a que gran parte de la crítica y las preguntas acerca del bautismo se centran en los dones sobrenaturales que lo acompañan, especialmente el de hablar en lenguas, se produce la tentación de poner excesivo énfasis en los dones en vez de darle la gloria al Dador de los dones; de defender el bautismo en vez de exaltar al Aquel que bautiza. Volvamos a ver la promesa de Jesús en Hechos 1:8: "*Pero recibiréis poder, cuando haya venido sobre vosotros el Espíritu Santo, y me seréis testigos*". Observe que Jesús dijo: "*me seréis testigos*", y no "seréis testigos del bautismo en el Espíritu Santo".

Esta verdad se vuelve a resaltar otra vez en Juan 16:14: "*El* [el Espíritu Santo] *me glorificará; porque tomará de lo mío, y os lo hará saber*". El Espíritu Santo trae poder para dar testimonio, pero nuestro testimonio no es del bautismo en el Espíritu Santo o de los dones espirituales, sino de Jesucristo. Quizá una frase terminante con el fin de enfatizar esto sea la siguiente: *Cualquier testimonio concerniente al bautismo en el Espíritu Santo que omite glorificar a Jesucristo como Salvador y Bautizador está incompleto.*

El Reverendo David Wilkerson, autor de *La Cruz y el Puñal*, y fundador de Teen Challenge en Brooklyn, Nueva York, una vez compartió conmigo una experiencia interesante que ilustra mi punto. Un joven pastor llegó de visita a Teen Challenge porque le había impresionado mucho lo que había oído con respecto al bautismo en el Espíritu Santo y sus drásticos efectos en las vidas de antiguos adictos.

> No conocía de primera mano el bautismo en el Espíritu Santo, así que varios de nosotros pasamos cerca de una hora en mi oficina con él, explicándole la experiencia; cómo daba poder, cómo llevaba al cristiano a la experiencia sobrenatural de hablar en lenguas, y cómo se producían a veces drásticas liberaciones de enfermedades y adicciones mediante el poder del Espíritu Santo.
>
> El joven pastor escuchaba con mucha atención hasta que terminamos, y entonces hizo un único y devastador comentario. Dijo: "Pero Reverendo Wilkerson, yo creía que el Espíritu Santo fue dado para glorificar a Jesucristo. Y aunque llevo sentado aquí una hora escuchándole a usted y a los miembros de su equipo contarme todas las cosas maravillosas que hace el Espíritu Santo, no han mencionado ni una sola vez el nombre de nuestro Señor Jesucristo".
>
> El Señor usó a ese joven para humillarnos a todos, y para grabar en nosotros de nuevo que el principal propósito del Espíritu Santo en nuestra vida es glorificar al Señor Jesucristo.

Finalmente, una sexta palabra de advertencia: *La vida llena del Espíritu necesita atención.* Debemos admitir francamente que hay algunos que, después de ser bautizados por Jesús en el Espíritu Santo, deciden ignorar la comunión llena del Espíritu. Los resultados con frecuencia suelen ser trágicos. El bautismo en el Espíritu Santo es una experiencia *puntual* y debe tener un seguimiento mediante la experiencia *continuada* de caminar diariamente en el

Espíritu. Es difícil, si no imposible, crecer espiritualmente sin la comunión cristiana. Necesitamos ser continuamente rellenados y recargados en la dinámica comunión que se deriva del cuerpo de creyentes lleno del Espíritu. Por esta razón, instamos a todos los que reciben el bautismo en el Espíritu Santo a unirse a algún grupo carismático, en algún lugar.

Incluso después del primer Pentecostés, los discípulos de Jesús frecuentemente se reunían para convivir y orar juntos, y allí el Espíritu Santo podía bendecirles y fortalecerles. En el capítulo 4 de Hechos encontramos una de esas ocasiones en que los discípulos se reunieron, orando para ser fortalecidos para dar testimonio y pidiendo a Dios que hiciera milagros para confirmar su ministerio. El versículo 31 nos cuenta cómo Dios respondió a esa oración.

> *Cuando hubieron orado, el lugar en que estaban congregados tembló; y todos fueron llenos del Espíritu Santo, y hablaban con denuedo la palabra de Dios.* (Hechos 4:31)

Alguien le preguntó una vez al gran Dwight L. Moody por qué testificaba de haber recibido muchas "llenuras" del Espíritu Santo. La clásica respuesta de Moody era: "Porque tengo goteras".

¡Lo mismo nos ocurre a todos!

ACERCA DEL AUTOR

Don Basham (1926–1991) nació y se crió en Wichita Falls, Texas. De joven, dejó una prometedora carrera como artista comercial en esa ciudad para entrar en el ministerio cristiano. Basham obtuvo un B.A. y un B.D. de Phillips University y su licenciatura de Enid, Oklahoma, y fue ordenado ministro de la Iglesia Cristiana (Discípulos de Cristo).

Basham sirvió como pastor en iglesias en Washington, D.C.; Toronto, Canadá; y Sharon, Pensilvania. También sirvió como editor de *New Wine,* una revista internacional dedicada al crecimiento cristiano, mientras vivía en Mobile, Alabama, con su esposa Alice y sus hijos. Se dedicó a escribir, dar consejería y enseñar tanto en conferencias nacionales como internacionales.